AF588804

CATALOGUE N° 19

COLLECTION FAIVRE

MONNAIES FRANÇAISES

DE CHARLEMAGNE A NOS JOURS

PRIX : 1 FRANC

EN VENTE

CHEZ J. FLORANGE, EXPERT EN MÉDAILLES

21, QUAI MALAQUAIS, 21

PARIS

1897

La collection de Monnaies françaises formée exclusivement par M. E. Faivre, bien connu dans le monde numismatique, étant devenue notre propriété, nous avons l'avantage de l'offrir en vente aux prix indiqués dans le présent catalogue, lequel a été établi en partie suivant ses notes manuscrites et le classement par ateliers fait d'après son consciencieux travail (voir l'annonce de la couverture).

La conservation des pièces est indiquée scrupuleusement.

Les prix sont nets.

Les envois aux frais des acheteurs et payables à réception en un bon à vue sur Paris ou contre remboursement et, à défaut, par traite avec frais de recouvrement ajoutés au montant de la facture.

Pas de réponse aux demandes d'articles vendus.

Achat de monnaies et médailles de tous pays, tant anciennes que modernes.

Rédaction de catalogues. — Expertises.

Envois à vue aux amateurs qui en font la demande.

Nos catalogues à prix marqués seront adressés aux personnes qui en font la demande, mais l'envoi ne sera continué *régulièrement* et *gratuitement* qu'aux amateurs nous honorant de leurs ordres.

COLLECTION FAIVRE

MONNAIES FRANÇAISES

DE CHARLEMAGNE A NOS JOURS

MONNAIES CAROLINGIENNES

Charlemagne (768-814).

1	Melle. Denier au monogramme.	B.	4	»
2	Melle. Obole au grand monogramme.	TB.	5	»

Louis I le Débonnaire (814-840).

3	Melle. Denier.	TB.	10	»
4	Denier au temple.	TB.	2	»

Charles le Chauve (840-875).

5	Melle. Obole.	B.	1	»
6	Orléans. Denier.	B.	3	»
7	Quentovic. Denier.	TB.	5	»
8	Reims. Denier.	AB.	3	»
9	Saosnes. Denier.	TB.	3	50
10	Tours. Denier.	B.	8	»
11	Troyes. Denier.	B.	12	»

Louis II (877-879).

12	Denier au temple.	B.	8	»

Charles le Gros (884-887).

13	Bourges. Denier.	TB.	6	»
14	Nevers. Denier.	TB.	4	»
15	Sens. Denier faux.	TB.	1	»

Eudes (887-898).

16 Blois. Denier. TB. 8 »
17 Limoges. Denier. TB. 4 »

Charles le Simple (898-924).

18 Melle. Denier. Légende du revers entre deux croisettes. TB. 3 »
19 Melle. Denier varié plus petit que le précédent. TB. 1 »
20 Melle. Obole. TB. 1 »

Louis IV d'Outremer (936-954).

21 Langres. Denier. TB. 20 »

Lothaire (954-986).

22 Bourges. Denier au monogramme. TB. 8 »
23 Bourges. Denier au temple. TB. 5 »

MONNAIES CAPÉTIENNES [1]

Hugues Capet (987-996).

24 Beauvais. Denier (9). TB. 20 »
25 Beauvais. Obole (10). B. 10 »

Hugues, fils de Robert, roi associé (1017-1025).

26 Orléans. Denier à la porte de ville (13, Philippe I). TB. 6 »

Philippe I (1060-1108).

27 Dreux. Denier à la tour (21). B. 10 »
28 Orléans. Denier au type du n° 24 (13). TB. 25 »

1. Hoffmann. *Les Monnaies royales de France*. Paris, 1878.

Louis VI et Louis VII (1108-1180).

29 Dreux. Denier à la tour (16).	TB.		6	»
30 Dreux. Obole. Même type (17).	B.		8	»
31 Langres. Denier (17, Louis VII).	B.		5	»
32 Nevers. Denier (22).	TB.		2	»
33 Orléans. Denier (8).	TB.		2	»
34 Pontoise. Denier (5).	B.		3	»
35 Angoulême. Denier et obole.	B.	à	1	»
36 Bourges. Denier (4).	B.		2	»
37 Étampes. Denier (6).	B.		2	»
38 Mantes. Denier (3).	TB.		3	»
39 Paris. Denier (1).	B.		1	»

Philippe II Auguste (1180-1223).

40 Arras. Denier (3).	B.		1	50
41 Déols. Denier (7).	B.		2	»
42 Montreuil. Denier (9).	B.		3	»
43 Paris. Denier (1).	B.		1	50
44 Péronne. Denier (10).	B.		3	»
45 Saint-Martin de Tours. Denier (12).	B.		1	50

Louis VIII (1223-1226).

46 Denier parisis (1).	B.		1	25
47 Denier tournois (3).	B.		1	50

Louis IX (1226-1270).

48 Gros tournois (10). 2 variétés.	TB.	à	3	»
49 Gros tournois. Var. avec une étoile sous le 2e V de TVRONVS (9).	TB.		10	»
50 Denier parisis (11).	TB.		2	»
51 Deniers tournois (13). Plusieurs var.	B.	à	1	»
52 Obole tournois (14).	B.		1	50

Philippe III le Hardi (1270-1285).

53 Gros tournois. PHILIPPVS ★ REX Croix. ℟. TVRONVS ★ CIVIS. Châtel à la fleur de lis (4).	TB.		10	»

54 Gros tournois. PHILIPVS·REX Croix ℞. TVRONV.S·CIVIS. Châtel à la croix (5). TB. 5 »

55 Denier tournois (8). Trois var. B. à 1 »

56 Obole tournoise à l'H onciale. B. 5 »

Philippe IV le Bel (1285-1314).

57 Gros tournois à l'O rond (5). TB. 2 50

58 Gros tournois à l'O long. TB. 2 50

59 Gros tournois à l'O rond, avec la lettre X de REX cantonnée de quatre points. FDC. 8 »

60 Maille blanche à l'O rond et à l'O long (9). B. à 3 50

61 Maille tierce à l'O rond et à l'O long (7). TB. à 3 »

62 Denier tournois (16). B. 0 50

63 Maille tournoise à l'O rond (18). B. 2 50

64 Double royal parisis (20). B. 1 50

65 Double royal tournois (23). B. 2 »

66 Mitte royale tournoise. Fronton de châtel entre deux lis. ℞. Croix cantonnée de P H R ✠ (Vente Hoffmann, n° 495, gravée). B. 40 »

67 Bourgeois fort (26). 2 var. B. à 2 »

68 Bourgeois simple (28). B. 1 »

69 Maille bourgeoise (30). B. 1 50

Philippe V (1316-1322).

70 Gros tournois avec deux petits marteaux pour différent (2). B. 3 »

71 Gros tournois avec ƬVRONVS et des étoiles pour différent (3). TB. 8 »

72 Denier tournois (6). 2 variétés. B. à 2 »

73 Maille tournoise (7). B. 3 »

Charles IV (1322-1328).

74 Gros tournois avec ✠ KAROLVS·FR'·REX (5). Rare. TB. 35 »

75 Variété avec ✠ KHAROLVS·REX (6). TB. 6 »

Pièce attribuée à Charles IV, roi des Romains.

76 Maille blanche avec FRANCHORVM (7). 2 var. B. à 3 »

77 Variété avec FRANCORVM (9). TB. 4 »
78 Double parisis (10). B. 2 50
79 Variété avec un globule sous la couronne. B. 4 »

LES VALOIS

Philippe VI de Valois (1328-1350).

80 Gros tournois à la croix à long pied (20). B. 10 »
81 Gros à la couronne et à la croix coupant la légende intérieure ; étoile sous le châtel (25 var.). TB. 6 »
82 Même pièce plus petite que la précédente. Annelet sous le châtel et bordure de *onze* lis. B. 15 »
83 Gros blanc à la fleur de lis (29). B. 3 »
84 Petit tournois ✠ PHILIPPVS REX. Châtel fleurdelisé. ℞. TVRONVS CIVIS. Croix évidée à long pied (45). AB. 10 »
85 Double parisis (38 et 42). B. à 2 50

Jean le Bon (1350-1364).

86 Gros tournois d'argent (15). B. 10 »
87 Gros tournois à la queue (19). B. 3 »
88 Gros blanc à la couronne (25). TB. 5 »
89 Gros blanc à la couronne (28). B. 4 »
90 Gros à la fleur de lis (31). TB. 4 »
91 Gros denier blanc (32). TB. 6 »
92 Gros blanc à la fleur de lis (39). TB. 8 »
93 Gros blanc à l'étoile (44). B. 8 »
94 Gros blanc dit patte d'oie (49). TB. 5 »
95 Double parisis (55). B. 6 »

Charles V, 1er dauphin (1349-1364).

96 Petit dauphin (Poey d'Avant 109,5). B. 4 »

Charles V (1364-1380).

97 Gros tournois (6). TB. 12 »
98 Blanc aux lis (7). B. 3 »
99 Gros delphinal (13). B. 5 »
100 Denier dentillé du Dauphiné (17). Rare. B. 15 »

Charles VI (1380-1422).

101	Gros tournois aux trois fleurs de lis sous une couronne fr. à Rouen (14).	B.		4	»
102	Gros tournois aux trois fleurs de lis fr. à Tournai.	B.		3	50
103	Gros dit florette.	TB.		1	50
104	Blanc dit Guénar fr. à Crémieu, Paris, Romans, etc. (22).	B.	à	1	25
105	Blanc dit Guénar fr. à Châlons-sur-Marne.	TB.		2	»
106	Blanc dit Guénar fr. à Sainte-Menehould.	B.		5	»
107	Blanc dit Guénar fr. à Saint-Quentin.	B.		2	»
108	Demi-blanc dit Guénar (26).	B.		1	»
109	Double tournois fr. à Toulouse et double tournois dit Niquet (31 et 34).	B.	à	2	»
110	Petit parisis (40).	B.		3	»
111	Obole parisis (41).	B.		1	»
112	Patard du Dauphiné fr. à Romans (48).	B.		2	»
113	Pattachina de Gênes (53).	TB.		7	»

Charles VII (1422-1461).

114	Grande plaque dite du Tournaisis (12).	B.		6	»
115	Gros de roi fr. à Montpellier (21).	B.		6	»
116	Grand blanc dit des gens d'armes, fr. à Orléans (18).	B.		5	»
117	Demi-blancs dit des gens d'armes fr. à Loches et à Saint-Pourçain (19).	B.	à	5	»
118	Grand blanc dit Guénar fr. à Saint-Pourçain (33).	B.		6	»
119	Blanc de 5 deniers tournois fr. à Angers (29).	B.		8	»
120	Grand blanc aux fleurs de lis couronnées fr. à Poitiers (39).	B.		3	»
121	Grand blanc aux fleurs de lis fr. à Orléans (32).	B.		3	»
122	Grand blanc à la couronne fr. à Bourges, Chinon, Lyon, Paris et Poitiers (36).	B.	à	1	»

123 Grand blanc à la couronne fr. à Châlons-sur-Marne. 3 var. B. à 2 »

124 Grand blanc à la couronne fr. à Guise[1]. B. 20 »

125 Petit blanc à la couronnelle fr. à Montpellier (38). B. 4 »

126 Grand blanc dentillé fr. à Montpellier (15). Rare. B. 10 »

127 Grand blanc aux briquets fr. à Dijon par le duc de Bourgogne au nom de Charles VII (41). B. 15 »

128 Gros dit florette (35). B. 3 »

129 Double tournois fr. à Poitiers (46). B. 1 50

130 Patard du Dauphiné (71). B. 3 »

131 Denaro de Gênes (75). B. 8 »

Louis (XI), dauphin (1440-1458).

132 Gros delphinal au champ écartelé fr. à Romans. B. 12 »

133 Grand blanc à l'écu écartelé fr. à Romans. B. 6 »

134 Petit blanc à l'écu écartelé fr. à Romans. AB. 3 »

Louis XI (1461-1483).

135 Gros de roi fr. à Paris (12). B. 7 »

136 Blanc à la couronne fr. à Châlons-sur-Marne, Paris et Tournai (15). B. à 1 »

137 Blanc au soleil fr. à Limoges et à Tours (19). B. à 2 »

138 Blanc au soleil du Dauphiné fr. à Romans (24). AB. 5 »

139 Double tournois fr. à Saint-Pourçain (29). TB. 3 »

140 Denier tournois (33). B. 1 »

141 Hardi (34). AB. 1 50

142 Liard au dauphin fr. à Romans (36). 2 var. B. à 1 50

143 Obole ou maille tournoise (39). B. 1 »

144 Grand blanc à la couronne fr. à Perpignan (Occup. franç. 1473-93), avec un P au centre de la croix du revers (18). B. 18 »

1. Faivre, *État actuel des ateliers monétaires français et de leurs différents*. 2e édition, p. 7 et 36.

145 Grand blanc au soleil fr. à Perpignan (Occup. franç. 1473-93). AB. 12 »

Charles VIII (1483-1498).

146 Blanc au soleil fr. à Rouen (17). B. 2 »
147 Blanc dit Carolus fr. à Rouen et Troyes (19). B. à 1 50
148 Carolus de Bretagne fr. à Nantes (23). B. 4 »
149 Carolus du Dauphiné fr. à Romans par Gérard Chastaing (22). B. 6 »
150 Douzains fr. à Bourges, Châlons-sur-Marne et Tournai (11). B. à 1 50
151 Petit blanc (12). B. 2 »
152 Douzain de Bretagne fr. à Rennes (13). B. 2 »
153 Douzain de Bretagne fr. à Nantes (14). B. 3 »
154 Douzain du Dauphiné fr. à Crémieu (24). B. 3 50
155 Double tournois fr. à Limoges (29). B. 1 50
156 Denier tournois fr. à Rouen (32). B. 1 50
157 Petit parisis (35). B. 2 »
158 Hardi p. la Bretagne (37). B. 1 50
159 Hardi (38). B. 1 »
160 Liard au dauphin (40). B. 1 »
161 Liard au dauphin p. la Bretagne (39). B. 2 »
162 Denier fr. à Marseille (?) (43). B. 3 »
163 Cavallo d'Aquila (63, 64 et 66). B. à 3 »
164 Cavallo de Chieti (77). B. 5 »
165 Cavallo de Sora (83). B. 10 »
166 Cavallo de Sulmona (68). B. 3 »

LES VALOIS-ORLÉANS

Louis XII (1498-1515).

167 Douzains à la couronne fr. à Paris et à Saint-André de Villeneuve (26). B. à 1 »
168 Douzain à la couronne fr. à Châlons-sur-Marne. B. 2 50

169 Douzain de Bretagne fr. à Nantes (28).	B.	4	»
170 Douzain au porc-épic fr. à Bourges (33).	B.	5	»
171 Douzain au porc-épic de Bretagne fr. à Nantes (37).	B.	8	»
172 Douzain du Dauphiné fr. à Grenoble (32).	B.	2	50
173 Douzain de Provence fr. à Tarascon (L^T). (29). Rare.	B.	10	»
174 Douzain de Provence fr. à Tarascon (T.L^T). Très rare.	B.	20	»
175 Douzain de Provence fr. à Aix (30).	B.	10	»
176 Demi-gros de roi fr. à Lyon (25).	B.	10	»
177 Dizains à l'L couronné fr. à Châlons-sur-Marne et Lyon (39).	B. à	4	»
178 Double tournois et denier tournois (41 et 45).	B. à	1	»
179 Double tournois du Dauphiné fr. à Montélimar (42).	B.	2	»
180 Liard au dauphin fr. à Rouen, vers 1508, pendant que les Monnaies du Dauphiné étaient fermées par suite de malversations des officiers (Faivre, p. 26).	B.	20	»
181 Hardi de France fr. à Bordeaux (49).	B.	2	»
182 Hardi de Bretagne (50).	AB.	1	»
183 Sestino d'Aquila (78)	B.	5	
184 Bisonne de Milan (94).	B.	4	»
185 Demi-parpaiole de Milan (95).	TB.	5	»
186 Demi-parpaiole de Milan (98).	B.	5	
187 Patard de Milan (100).	B.	3	»
188 Carlin de Naples (77).	TB.	40	»

LES VALOIS-ORLÉANS-ANGOULÊME

François Ier (1515-1547).

189 Teston fr. à Lyon p. F. Guilhem. Buste imberbe, cuirassé à dr., avec couronne fermée. R'. NO : NOBIS : etc. Écu couronné entre deux F couronnés (42).	TB.	15	»
190 Demi-teston fr. à Lyon. Mêmes types. (43).	B.	12	»

191 Teston fr. à Lyon p. A. de la Roze, vers 1529. Mêmes types. Pièce fausse du temps. B. 3 »

192 Teston fr. à Lyon p. M. Guilhem, vers 1538. ℟. + XPS : VINCIT. etc. Écu couronné dans une épicycloïde (59). B. 10 »

193 Teston fr. à Paris par B. de Riberolles. Buste barbu, cuirassé à dr., avec couronne fermée. Revers précédent avec la lettre A en pointe de l'écu (79). B. 25 »

194 Teston fr. à Lyon p. F. Guilhem vers 1545. Buste barbu, avec couronne radiée et fleurdelisée et cuirasse damasquinée. ℟. + NO : NOBIS : etc. Écu couronné, dans une épicycloïde, avec D, à la pointe de l'écu (81). B. 15 »

195 Demi-teston fr. à Lyon p. F. Guilhem. Mêmes types (82). B. 12 »

196 Teston fr. à Rouen p. G. de Houppeville vers 1543. + FRANCISCVS : I : D : GRA : FRANCORV (Cœur) REX. Buste barbu à couronne fermée dite à la Charles-Quint. ℟. + XP̄S : VINCIT : XP̄S : REGNAT·XP̄S (cœur) IMPERAT. Écu couronné entre deux F, avec B à la pointe de l'écu (88). TB. 30 »

197 Teston du Dauphiné fr. à Grenoble p. E. Nachon. Buste du n° 189. ℟. + SIT : NOME : DNI : etc. Écu écartelé de France-Dauphiné (53). B. 10 »

198 Demi-teston du Dauphiné fr. à Grenoble p. E. Nachon. Mêmes types. AB. 10 »

199 Teston du Dauphiné fr. à Romans p. L. Proust. Buste du n° 189. ℟. + ▴ SIT·NONEN· etc. Champ écartelé de France-Dauphiné; en chef, un F. (Coll. Castellane, n° 519). B. 15 »

200 Demi-teston du Dauphiné fr. à Romans. Mêmes types; en chef du champ une couronne. Pièce rognée. 3 »

201 Demi-teston de Bretagne fr. à Rennes p. J. Ferré (46). B. 30 »

202 Douzains à la couronne fr. à Angers, Bordeaux et Rouen, p. P. Lesgare. B. à 2 »

203 Douzain à la couronne fr. à Amiens. B. 10 »

204 Douzain à la couronne fr. à Aix, avec : P : Cº, fleur de lis, ꞉ trèfle. AB. 40 »

Seule pièce connue avec les différents précités (Faivre, p. 54, et Bordeaux).

205 Douzain à la couronne fr. à Marseille p. Fr. Perrin, 1539-1540. Sous l'écu, petit écusson aux armes de Marseille (Faivre, p. 55). Très rare. B. 20 »

206 Douzains à la croisette fr. à Rennes, à Rouen et à Toulouse (108). B à 1 50

207 Douzains à la croisette fr. à Villefranche de Rouergue p. P. Coulon père, vers 1541 et p. A. Poujouly, vers 1543. 2 var. B. à 5 »

208 Douzain à la croisette fr. à Marseille p. Fr. Perrin, vers 1540; ft à la pointe de l'écu et de la croisette. Très rare. B. 25 »

209 Douzain à la croisette fr. à Bayonne p. P. La Rue, vers 1542. (Faivre, p. 47). Rare. TB. 15 »

210 Douzain à la croisette fr. à Rennes avec l'R cursif. (Faivre, p. 55). 2 var. B. à 2 »

211 Douzain à la croisette fr. à Bourges avec l'Y cursif p. J. George. (Faivre, p. 53). Rare. TB. 15 »

212 Douzain à la croisette du Dauphiné fr. à Grenoble p. P. Guérin, vers 1546 (109). AB. 4 »

213 Douzains aux salamandres fr. à La Rochelle p. A. Cybot, et à Saint-Pourçain. B. à 6 »

214 Douzains du Dauphiné fr. à Crémieu p. N. Ricart et à Romans par P. Guérin (99). B. à 3 50

215 Douzain du Dauphiné fr. à Grenoble p. E. Nachon (98). B. 4 »

216 Douzain du Dauphiné fr. à Grenoble p. E. Nachon (100). TB. 2 »

217 Douzain de Bretagne fr. à Rennes p. G. Ferré (97). TB. 2 »

218 Dizain franciscus fr. à Limoges, Poitiers et Villefranche (101). B. à 2 »
219 Double tournois à la croisette fr. à Toulouse et à Villefranche (112). B. à 3 »
220 Même pièce fr. à Marseille p. A. de Montaigu TB. 5 »
221 Double tournois fr. à Lyon (110). B. 1 50
222 Double tournois du Dauphiné fr. à Grenoble et à Romans (114). B. à 2 »
223 Denier tournois fr. à Paris (117). B. 1 »
224 Hardi faux (129). TB. 3 »
225 Liards au dauphin fr. à Grenoble et à Romans. — Liards à l'F. fr. à Chambéry, Limoges et Villefranche (125). B. à 1 50
226 Liard à l'F. fr. à Marseille p. A. de Montaigu. B. 5 »
227 Patard de Provence fr. à Marseille p. F. Perrin 1540-1541 (113). B. 4 »

OCCUPATION FRANÇAISE (1515-1542).

228 Milanais. Trillina à l'F. couronné (138). B. 5 »
229 Piémont occupé par le Maréchal de Brissac. Douzain à la croisette fr. à Turin p. Gabriel Tat, 1541. TB. 4 »
230 — Liard à l'F. couronné fr. à Turin p. le même TB. 5 »

Henri II (1547-1559).

231 Teston fr. à Bordeaux p. R. Richart, 1557, Buste non lauré avec cuirasse. ℟. Écu couronné et accosté de deux H couronnés (62). TB. 5 »
232 Teston fr. au moulin de Paris, s. d. Tête grosse laurée à dr. ℟. Écu couronné (52). TB. 15 »
233 Teston fr. au Moulin de Paris, 1553. Mêmes types, mais la tête plus petite (40). TB. 15 »
234 Teston fr. à Toulouse 1556. Types du n° 231 mais le buste plus court et la tête plus grosse (65). FDC. 10 »

235 Demi-teston fr. à Toulouse, 1556. Mêmes types (66). B. 6 »

236 Demi-teston fr. à Limoges, 1553. Mêmes types, mais le buste un peu plus petit. B. 8 »

237 Teston fr. à Paris, 1550. Mêmes types, mais le buste coiffé d'une couronne fermée (32). B. 8 »

238 Demi-teston fr. à Bayonne, 1554. Mêmes types (34). B. 10 »

239 Teston fr. au Moulin de Paris, 1554. Buste lauré et cuirassé. ℟. du n° 232 (57). TB. 15 »

240 Teston du Dauphiné fr. à Grenoble (60). B. 3 »

241 Gros de Nesle (70). B. 4 »

242 Demi-gros de Nesle (72). B. 1 50

243 Douzains à la croisette fr. à Tours et à La Rochelle (73). Rares. B. à 10 »

244 Douzains aux croissants fr. à Aix, Angers, Bordeaux, Bourges, Crémieu, Dijon, Grenoble, Montélimar, Moulins, Nantes, Paris, Rennes, Rouen, Toulouse et Tours. Selon la conservation et la rareté 1 » à 2 »

245 Douzains aux croissants fr. à Amiens, 1550 et 1551. TB. à 3 »

246 Douzain aux croissants fr. à Marseille, 1549. TB. 10 »

247 Douzain aux croissants fr. à Villefranche, 1550. TB. 5 »

248 Douzains aux croissants du Dauphiné, 1551 et 1557 (79). B. à 1 50

249 Douzain aux II fr. à Paris par Bergeron, 1555 (80). B. 15 »

250 Denier tournois fr. à Paris (86). AB. 2 »

251 Double tournois fr. à Villefranche de Rouergue (Vente Hoffm. n° 851. Gravé). Rare. AB 5 »

252 ✠ DENIER-TOURNOIS. Couronnelle et rosace entre deux lis. ℟. ✠ POVR ✠ EPOVSER. Croisette cantonnée de fleurs de lis. (Vente Hoffm. n° 855). Arg. TB. 15 »

OCCUPATION FRANÇAISE (1555-1559).

253 Quattrino de Sienne (100). B. 15 »

François II (1559-1560).

254 Testons variés au buste de Henri II fr. à Bayonne et à Toulouse, 1560. B. à 3 »

Charles IX (1560-1574).

255 Douzain aux croissants au nom de Henri II, 1561. B. 20 »

Cet exemplaire est d'après Faivre le seul billon connu parmi les nombreuses monnaies posthumes de ce roi.

256 Teston fr. à Bayonne 1567. Buste enfantin et cuirassé à gauche. ℞. Écu couronné, accosté de deux K couronnés (15). B. 4 »

257 Demi-teston fr. à Bayonne, 1563. Mêmes types (16). B. 5 »

258 Teston dit Morveux fr. à Orléans par E. Bergeron pour les Huguenots, 1562. Buste à dr. et écusson couronné, accosté de deux C couronnés (20). B. 25 »

259 Testons fr. à Paris et Rouen, 1562. Buste à g. Revers précédent (10). B. à 4 »

260 Même pièce fr. à Nantes et à Toulouse, 1564. B. à 3 »

261 Même pièce fr. à La Rochelle, 1565. TB. 5 »

262 Même pièce fr. à Lyon, 1565, mais l'écu non accosté (18). B. 5 »

263 Testons (au buste vieilli à g.) fr. à Bordeaux, 1569 et à Toulouse, 1574 (25). B. à 4 »

264 Demi-teston fr. à Limoges, 1564. Types du n° 262 (19). TB. 6 »

265 Demi teston fr. à Toulouse, 1566. Types du n° 259 (13). TB. 6 »

266 Teston du Dauphiné fr. à Grenoble, 1564 (17). B. 8 »

267 Double sols parisis fr. à Aix, 1571, Lyon, 1570, et Paris, 1569 (31). B. à 2 »

268 Sols parisis fr. à Angers, 1568, Lyon, 1566, et Saint-Lô, 1565 (43). TB. à 1 50

269 Douzains fr. Lyon 1574, et Troyes, 1573 (34). B. à 1 50

270 Douzain du Dauphiné, 1574 (36). B. 2 »

271 Denier tournois avec deux lis dans un cartouche fr. à Paris, 1562 (48). B. 6 »

272 Denier tournois aux deux lis couronnés (51). B. 2 »

273 Liards au C. fr. à Dijon en 1574, et Paris, 1566 (55). B. à 1 »

274 Liard au dauphin fr. à Grenoble (57). B. 3 »

275 Imitation du même liard p. le comte de Deciane. B. 2 »

Interrègne (1575).

Monnaies posthumes frappées avant le retour du roi de Pologne, Henri III.

276 Teston aux types du n° 259 fr. à Poitiers. B. 8 »

277 Douzains aux types du n° 262 fr. à Lyon p. André Morel jeune. B. 3 »

Henri III (1574-1589).

278 Teston fr. à Bordeaux en 1575, sous la régence de Catherine de Médicis, sans le titre de roi de Pologne (7). B. 10 »

279 Teston fr. à Toulouse, 1576 (8). B. 6 »

280 Demi-teston fr. à Rouen, 1575 (10). B. 12 »

281 Franc fr. à Lyon 1577 p. André Morel jeune (15). B. 8 »

282 Demi-franc fr. à Saint-Lô, 1587 (23). Frappe soignée. FDC. 10 »

283 Demi-francs fr. à Bordeaux, 1587 à 89 p. J. Malus. B. à 4 »

284 Quarts de franc fr. à Poitiers 1578 et Rouen 1576 et 1585 (24 et 27). TB. 5 » B. 3 »

285 Quart d'écu 1582 (30). B. 3 »

286 Quart d'écu 1587, Saint-Lô. Frappe soignée. FDC. 8 »

287 Huitième d'écu 1588, Saint-Lô (31). B. 2 »

288 Gros et demi-gros de Nesle fr. à Limoges, Troyes etc. (36 et 38) B. à 2 »

289 Douzains fr. à Aix, Dijon, Lyon, etc. B. 1 »
TB. 1 50

290 Douzain fr. à Rouen, 1588. La croix cantonnée de fleurs de lis et de deux couronnées. Inconnu à Hoffm. B. 8 »

291 Douzain du Dauphiné (44). B. 1 50

292 Double sol parisis fr. à Montpellier, 1576 (41). B. 9 »

293 Liard au Saint-Esprit, Lyon (48). B. 1 »

294 Liards à la croix fleurdelisée, Lyon, Toulouse, etc. (51). B. à 1 »

295 Liard au dauphin fr. à Grenoble p. J. Filliard (52). B. 2 »

296 Liard au dauphin fr. à Grenoble p. J. Filliard (53). B. 1 »

297 Double tournois du Dauphiné (65). B. 1 50

298 Denier tournois fr à Tours (66). B. 1 »

299 ✠ DENIER-TOURNOIS. Croisette fleurdelisée. ℟. ✠ POUR·E·POVSER ❀ Point et rosace entre deux lis. TB. 10 »

Les Politiques au nom de Henri III (1589 et suiv.).

299 *bis*. Demi-franc fr. à Saint-Lizier, 1592. B. 15 »

300 Quart de franc fr. à Toulouse par le Maréchal duc de Joyeuse 1590. B. 10 »

301 Douzain fr. à Narbonne par le Cte Bouchage (Capucin Frère Ange), 1594 (*Revue de numismatique*, 1893, pl. III, n° 6). Très rare. B. 25 »

302 Douzain fr. à Toulouse p. le Maréchal de Joyeuse, 1594. Très rare. B. 20 »

Ce douzain est, avec le précédent, la seule monnaie connue frappée cinq ans après la mort de Henri III par le Parti des Politiques.

303 Double tournois fr. à Bayonne, 1590. B. 4 »

Charles X, cardinal de Bourbon (1589-1490) et les Politiques au nom de Charles X (1590-1597).

304 Franc surmoulé en étain (7). B. 2 »
305 Quart d'écu fr. à Paris, 1591 (8). TB. 4 »
306 Quart d'écu fr. à Dinan, 1594, p. le duc de Mercœur. TB. 8 »
307 Huitième d'écu fr. à Dinan, 1597 p. le duc de Mercœur. Rare. B. 20 »
308 Huitième d'écu fr. à Nantes, 1590 et 1593 (10). B. à 4 »
309 Douzains fr. à Amiens, Dijon, Lyon, Paris, Riom, Rouen, 1590 à 1594. 2 variétés de types. B. à 1 »
310 Douzain fr. à Marseille p. Jean Pons, 1594. Unique. B. 50 »

311 Liard au C couronné, 1593, fr. à Lyon p. A. Morel jeune (15). TB. 10 »
312 Doubles tournois, 1590 à 1594, Dijon et Troyes (16). B. 1 »
313 Denier tournois, 1590, Troyes (17). B. 6 »

LES BOURBONS

Henri IV (1589-1610).

314 Quarts d'écu avec HENRICVS IIII etc. et la croix fleuronnée fr. à Rennes, 1596 et Bayonne 1600 (28). TB. à 5 »
315 Huitième d'écu, 1600, Rennes. Mêmes types. B. 4 »

316 Quart d'écu avec HENRICVS.4. etc. (du côté de l'écusson) fr. à Poitiers, 1606. Rare. TB. 10 »

317 Quart d'écu avec HENRICVS IIII, etc. Saint-Lô, 1603. Les branches de la croix terminées par une couronnelle. B. 4 »

318 Huitième d'écu. Mêmes types. TB. 5 »

319 Quart d'écu à la croix fleurdelisée fr à Nantes, 1610 (13). TB. 5 »

320 Huitième d'écu fr. à La Rochelle, 1608. Mêmes types (15). TB. 6 »

321 Quart d'écu fr. à Saint-André de Villeneuve-les-Avignon, 1603. Croix fleuronnée, cantonnée d'une fleur de lis (19). TB. 15 »

322 Quart d'écu du Dauphiné, 1603 (26). B. 6 »

323 Huitième d'écu du Dauphiné, 1605 (27). Rare. TB. 10 »

324 Quart d'écu de Navarre, 1606 (29). B. 3 50

325 Huitième d'écu de Navarre, 1597 (31). B. 5 »

326 Quart d'écu de Béarn, 1595 (32). TB. 5 »

327 Huitième d'écu de Béarn, 1596 (33) B. 6 »

328 Demi-franc fr. à Rouen, 1594. TB. 15 »

329 Demi-franc fr. à Lyon p. J. Filliard, 1594. B. 8 »

N°s 328 et 329 sont les 1res émissions fr. à Rouen et à Lyon pour Henri IV, vu que ces deux villes se soumirent au roi en 1594.

330 Demi-franc fr. à Limoges, 1595 (38). FDC. 15 »

331 Demi-francs fr. à Aix, 1598, Angers 1601 et Bordeaux 1593. B. à 5 »

332 Demi-franc fr. à Amiens, 1596. B. 6 »

333 Demi-franc fr. à Riom, 1602 (35). B. 12 »

334 Demi-franc fr. à Montpellier, 1602. B. 8 »

335 Demi-franc fr. à Villeneuve-Saint-André, 1602 (45). AB. 15 » B. 25 »

336 Quarts de franc fr. à Dijon, 1598, et Lyon, 1599. AB. à 3 »

337 Quart de franc fr. à Toulouse, 1600. La lettre M. séparant la date. Variété inédite. TB. 15 »

338 Gros de Nesle du Dauphiné, 1591 (58). B. 6 »

339 Douzain à l'écu accosté de deux H couronnés et à la croix cantonnée de deux H couronnés et de deux fleurs de lis, fr. à Bordeaux, 1590 (59). B. 15 »

340 Douzain contremarqué d'un lis, fr. à Melun pendant la Ligue par Ph. Danfrie, l'ancien, 1594. Mêmes types (Faivre, p. 9). Très rare. B. 20 »

341 Douzain fr. à Clermont, 1591. Mêmes types. B. 1 50

342 Douzains fr. à Clermont, 1592 et 1594. Mêmes types, mais la croix est cantonnée de deux couronnes et de deux fleurs de lis. B. à 1 50

343 Douzains fr. à Limoges, Lyon, Riom, Saint-Lô, Tours et Troyes. Mêmes types mais l'écu est accosté de deux H non couronnés. B. à 1 »

344 Douzain fr. à Châlons-sur-Marne, 1593. Mêmes types. (Faivre, p. 10). Très rare. B. 35 »

345 Douzains fr. à Villeneuve-les-Avignon, 1593 et 1595, et Montpellier, 1593 (par le duc de Montmorency). Mêmes types. B. à 5 »

346 Douzain fr. à Aix, 1594. Mêmes types, mais la croix est cantonnée de quatre couronnes. B. 3 »

347 Douzain fr. à Dijon, 1596, p. G. de Malleroys. Mêmes types (Faivre, p. 13). TB. 4 »

348 Douzain du Dauphiné, 1597 (64). TB. 1 50

349 Douzains de Navarre, 1590 et 1591 (65). B. à 5 »

350 Douzains de Béarn, 1590 et 1591 (67). B. à 3 »

351 Liard de Béarn dit Vaquette (70) B. 4 »

352 Liard dit Pied-Guailloux fr. à Chambéry, 1601 (73). (Faivre, p. 17, d'après le *Traité des Monnaies* p. J. Boizard, conseiller à la Cour des M.). B. 20 »

353 Liard à trois lis sous une couronne et à la croix fleurdelisée (*Rev. num.*, 1893, pl. III, n° 3). Très rare. B. 10 »

354 Piéfort du double tournois. Buste du roi. Sans revers (75). Tranche cannelée. Br. FDC. 12 »

355 Doubles tournois fr. à Châlons-sur-Marne, 1590, Clermont, 1594, Dieppe, 1593, Limoges, 1593, Lyon, 1608 et 1609, et Nantes. 1610. 0 50 à 2 »

356 Double tournois fr. à Saint-Palais, 1594. Rogné. 3 »

357 Double et denier tournois du Dauphiné, 1608 (78 et 82). B. à 4 »

La ville de Cambrai assiégée par les Espagnols (1595).

358 Pièces de 20 patards aux écussons de France et de Montluc de Balagny (Mailliet 237). Cuiv. j. octog. et uniface B. 10 »

359 Pièce de 10 patards à l'écu de France (Mailliet 239). Cuiv. j. octog. et uniface. AB. 8 »

360 Patard à la fleur de lis (Maillet 242). Octog. 4 »

Louis XIII (1610-1643).

361 Quart d'écu de Navarre, 1611 (49). TB. 4 »

362 Huitième d'écu de Navarre, 1619 (50). B. 3 »

363 Quart d'écu de Béarn, 1612 (47). B. 3 »

364 Huitième d'écu de Béarn, 1630 (48) B. 3 »

365 Demi-franc, 1615, Paris. Buste nu et A au centre de la croix formée de quatre fleurons (62 var.). B. 20 »

366 Demi-franc, 1615, Rouen. Petit buste enfantin nu et L au centre de la croix. TB. 15 »

367 Demi-franc, 1615, Saint-Lô. Buste lauré et croix (60). TB. 8 »

368 Demi-franc, 1615, Troyes. Buste nu et croix (62). B. 10 »

369 Demi-franc, 1625, Angers. Mêmes types. TB. 8 »

370 Demi-franc, 1635, Toulouse. Buste à grosse tête avec col rabattu (72). TB. 12 »

371 Quart de franc, 1638, Toulouse (73). B. 10 »

372 Demi-franc, 1641, Montpellier (63 var.). Rare. TB. 25 »

373 Quart d'écu, 1642, Poitiers. TB. 5 »

374 Huitième d'écu, 1627, Bayonne. B. 3 »

375 Louis d'argent de 60 sols, au buste drapé, 1642. 1er coin de Warin (87). FDC. 40 »

376 Louis d'argent de 30 sols, au buste drapé, 1642 (88). FDC. 15 »

377 Louis d'argent de 15 sols, au buste drapé, 1642 (89). FDC. 5 »

378 Louis d'argent de 5 sols, au buste drapé, 1642 (90). TB. 3 »

379 Louis d'argent de 60 sols, au buste cuirassé et drapé, 1643. 2e coin de Warin (91). TB. 30 »

380 Louis d'argent de 30 sols, au buste cuirassé et drapé, 1643 (94). FDC. 10 »

381 Louis d'argent de 15 sols, au buste cuirassé et drapé, 1642 (97). TB. 3 »

382 Louis d'argent de 5 sols au buste cuirassé et drapé, 1643 (100). FDC. 2 »

383 Sol de 18 deniers, 1641 (109). TB. 4 »

384 Douzains, 1622 et 1628, Montpellier (Inconnu à Hoffm). B. à 3 »

385 Douzain, 1627, La Rochelle (111). B. 2 »

386 Vaquette de Béarn. Écartelé de 2 vaches et de deux L couronnés (120). B. 8 »

387 Variété avec le champ écartelé, aux 1er et 4e cantons de deux L couronnés, et aux 2e et 3e de deux vaches (Inconnu à Blanchet). B. 20 »

388 Doubles et deniers tournois variés. TB. à 0 25

OCCUPATION FRANÇAISE

389 *Artois.* Double tournois au lion donnant un rat à un coq. B. 3 »

390 — Variété au dauphin sur une ancre. TB. 2 »

391 *Barcelone.* Seizain, 1642 (151). B. 2 »

392 *Girone.* Seizain, 1642 (158). B. 4 »

393 *Lorraine.* Double tournois fr. à Stenay, 1636. 3 types variés. B. à 2 »

394 *Vich.* Menut, 1643 (169 var.). B. 10 »

Louis XIV (1643-1715).

395 Quart d'écu, 1643, Saint-Lô (44). FDC. 5 »
396 Huitième d'écu, 1646, Poitiers (49). FDC. 8 »
397 Écu blanc, 1643. Buste à la mèche courte. Coin de Warin (55). TB. 9 »
398 Demi-écu. Mêmes types (59). FDC. 7 »
399 Quart d'écu. Mêmes types (61). FDC. 3 50
400 Douzième d'écu. Mêmes types (63). FDC. 1 50
401 Trente deniers. Mêmes types (69). B. 4 »
402 Quinze deniers. Mêmes types (70). B. 5 »
403 Quart d'écu, 1646, Arras. TB. 20 »
404 Quart d'écu de Navarre, 1650 (51). TB. 6 »
405 Huitième d'écu de Navarre, 1650 (52). TB. 5 »
406 Quart d'écu de Béarn, 1648 (53). TB. 5 »
407 Écu blanc, 1652. Buste à la mèche longue (74). TB. 7 »
408 Demi-écu, 1651, Montpellier. Mêmes types (76). TB. 5 »
409 Quart d'écu, 1647. Mêmes types (77). FDC. 3 50
410 Douzième d'écu. Mêmes types (78). B. 1 »
411 Écu de Navarre, 1655 (79). TB. 15 »
412 Demi-écu de Navarre, 1658 (80). TB. 20 »
413 Écu de Béarn, 1653 (83). TB. 12 »
414 Douzième d'écu de Béarn, 1679 (86). B. 12 »
415 Liard au grand L fr. à Corbeil, 1654 (234). B. 5 »
416 Liards fr. à Bordeaux, Caen, Corbeil, Limoges, Lusignan, Meung-s.-L., Nîmes, Pont de l'Arche, Vimy, etc. 1 50 à 2 »
417 Liard aux deux brutes, 1657 (236). B. 3 »
418 Liard. Pièce incuse fr. à Vimy. TB. 2 »
419 Imitation du liard précédent, 1656. Buste couronné du duc de Mantoue, comte de Rethel, à dr. ℟. .LIARD. DE FRANC.C. ; dessus, A et trois lis (P. d'A. 6197 de 1655). B. 3 »
420 Écu au buste juvénile, 1667, Rennes (102). TB. 15 »
421 Demi-écu, 1660, Bayonne. Mêmes types (103 var). B. 4 50

422 Demi-écu, 1669, Paris (103) TB. 5 »
423 Quart d'écu, 1667. Mêmes types (104). B. 10 »
424 Douzième d'écu, 1667. Mêmes types (105). B. 4 »
425 Six blancs, 1657 (194). Cliché en plomb. B. 1 »
426 Quatre sols (106). B. à 0 50
427 Deux sols, 1674 (107). TB. 5 »
428 Le même, cuivre, tranche cannelée. Frappe moderne. FDC. 1 50
429 Écu du Parlement, 1682 (120). FDC. 20 »
430 Demi-écu du Parlement, 1680 (121). TB. 15 »
431 Écu de Flandre dit Carambole, Lille, 1686 (128). TB. 18 »
432 Demi-écu de Flandre dit Carambole, Paris, 1685 (129). TB. 15 »
433 Quart d'écu de Flandre dit Carambole, Lille, 1686 (130). B. 6 »
434 Huitième d'écu de Flandre dit Carambole, Lille, 1686 (131). B. 10 »
435 Seizième d'écu de Flandre dit Carambole, Lille, 1686 (132). FDC. 12 »
436 Écu aux huit L (1er type), 1692, Amiens (133). Frappe exceptionnelle. FDC. 25 »
437 Demi-écu, 1691, Rouen; quart d'écu, 1691. Mêmes types (134 et 135). TB. à 5 »
438 Douzième d'écu, 1691. Mêmes types (136). B. 4 »
439 Sol de 15 deniers tournois fr. à Aix, Montpellier, Troyes, etc. (218). B. à 1 »
440 Le même, surfrappé sur un blanc de Louis XI (225) et sur un douzain de Charles IX. B. à 2 »
441 Sol de Béarn, 1693 (219). B. 3 »
442 Quatre sols aux deux L entrelacés, Dijon et Tours (138). B. à 1 »
443 Écu aux palmes, 1697 (140). TB. 12 »
444 Demi-écu aux palmes, 1693 (141). TB. 5 »
445 Quart d'écu aux palmes, 1694 (142). TB. 4 »
446 Douzième d'écu aux palmes, 1694 (143). B. 1 50
447 Demi-écu Carambole aux palmes, 1696, sur-

frappé sur un demi-écu de Flandre de 1686 (149). TB. 15 »

448 Huitième d'écu Carambole aux palmes, 1696 (151). B. 10 »

449 Écu aux insignes, 1702 (153). TB. 12 »

450 Demi-écu aux insignes, 1701 (154). B. 4 »

451 Quart d'écu aux insignes, 1702, Rouen (155). TB. 4 »

452 Douzième d'écu aux insignes, 1702 (156). B. 3 »

453 20 sols aux insignes, 1707, La Rochelle (171). FDC. 5 »

454 10 et 5 sols aux insignes (172 et 173). TB. à 0 75

455 Écu aux huit L (2e type), 1704 (174). TB. 9 »

456 Demi-écu aux huit L, Rouen (175). TB. 5 »

457 Quart d'écu aux huit L, Rouen (176). TB. 3 50

458 Huitième d'écu aux huit L, Angers (177). TB. 4 »

459 Dix sols tournois (169). B. 1 »

460 Écu aux trois couronnes (187). Bonne frappe. FDC. 15 »

461 Demi-écu aux trois couronnes (189). TB. 5 »

462 Quart d'écu aux trois couronnes, 1712, Amiens (190). TB. 4 »

463 Dixième d'écu aux trois couronnes (191). TB. 1 »

464 Vingtième d'écu aux trois couronnes, 1712, Rouen (192). TB. 8 »

465 Liard à la croix de Malte, 1655 (205). B. 5 »

466 30, 16 et 15 deniers (222, 221 et 224). B. 0 50
TB. 1 »

467 6 deniers, 1710 à 1713 (248). B. à 1 »

467 *bis*. Même pièce imitée par des faussaires. B. 2 »

COLONIES

468 *Canada*. Pièce de 15 sols, 1670. Cliché en plomb. TB. 1 »

469 — Pièce de 5 sols, 1670 (101 et Zay 2). TB. 35 »

470 — Double tournois, 1670 (250). Surmoulage de cuivre. B. 2 »

471 *Pondichéry.* Cache à la déesse Kâli (Zay, p. 27). Cuivre. B. 10 »

472 *Indes françaises.* Plomb de la 1re compagnie des Indes orientales (Zay, p. 271). B. 3 »

OCCUPATION FRANÇAISE

473 *Aire.* Pièce de 50 sols aux armes du gouverneur de Goesbriant, 1710 (Maill. I, 5). Arg. octog. TB. 25 »

474 — Pièce de 25 sols. Mêmes types. Plomb octog. Faux. TB. 2 »

475 *Barcelone.* Seizains, 1649 à 1651 (265). B. à 1 50

476 — Ardite, 1647 (266). B. 3 »

477 *Hollande.* Douzain français poinçonné d'une fleur de lis, de 1672 à la paix de Ryswick (Maill. LII, 9). B. 2 »

478 *Lille.* Pièce de 20 sols aux armes du maréchal de Boufflers, 1708. TB. 0 50

479 — Pièce de 10 sols. Mêmes types. TB. 0 75

480 — Pièces de 5 sols. Mêmes types. TB. 2 »

481 *Perpignan.* Double sol, 1644 (256). B. 4 »

482 — Menut, 1644 (260). B. 5 »

483 *Strasbourg.* 1 et 2 sols, 1683 (279 et 280). TB. à 2 »

484 — Demi-écu au lis, 1695 (281). B. 6 »

485 — Demi-écu aux insignes, 1705 (286). TB. 5 »

486 — Demi-écu à 40 sols, 1709. Buste du roi et écu de France (287). B. 5 »

487 — Pièce de 10 sols, 1710. Mêmes types (289). TB. 2 »

488 *Tournai.* Pièce de 20 sols, au buste du gouverneur de Surville, 1709 (Maill. CXII, 14) TB. 6 »

489 — Pièce de 2 sols, 1709. B. 2 »

Louis XV (1715-1774).

490 Écu vertugadin, 1716, Lille (26). FDC. 12 »

491 Demi-écu vertugadin, 1716, Besançon (28). FDC. 8 »

492 Quart d'écu vertugadin, 1716, Paris (29). TB. 4 »

493 Dixième d'écu vertugadin, 1716, Paris (30). TB. 1 50

494 Vingtième d'écu vertugadin, 1716, Bordeaux (31). Rare. B. 10 »

495 Demi-écu de Strasbourg à 40 sols, 1716 (32). TB. 10 »

496 Écu de Navarre, 1718 (34). FDC. 10 »

497 Demi-écu de Navarre, 1719, Lille (35). Pièce contremarquée. TB. 12 »

498 Quart d'écu de Navarre, 1718, Paris (36). TB. 15 »

499 20 et 10 sols de Navarre, 1719 et 1720, Montpellier et Paris (38 et 39). TB. à 1 50

500 Petit louis d'argent aux huit L, 1720. FDC. 4 »

501 Sol dit de Law, 1719, Metz (71). Flan large. B. 1 50

502 Sol de 12 deniers (71). TB. 0 50

503 Sol et demi-sol, 1723, Perpignan (71). Cuivre jaune. B. 2 »

504 Livre d'argent ou pièce de 20 sols aux deux L adossés et couronnés, fabriquée à Paris, 1720, p. la Cie des Indes (84). FDC. 6 »

505 Écu de France, 1721, Troyes. Buste drapé et écu carré couronné (40). FDC. 15 »

506 Demi écu de France, 1722, Paris. Mêmes types (41). TB. 15 »

507 Tiers d'écu de France, 1721, Lille. Mêmes types (42). FDC. 3 »

508 Sixième d'écu de France, 1721, Caen. Mêmes types (43). TB. 2 50

509 Douzième d'écu de France, 1721, Dijon. Mêmes types (44). TB. 4 »

510 Écu aux huit L, 1725 (45). FDC. 13 »

511 Demi-écu aux huit L, 1725 (46). TB. 10 »

512 Quart d'écu aux huit L, 1725 (47). FDC. 8 »

513 Huitième d'écu aux huit L, 1725 (48). FDC. 8 »

514 Seizième d'écu aux huit L, 1725, Metz (49). B. 6 »

515 Écus aux lauriers, 1726, Pau, et 1739, Tours (50). FDC. à 10 »

516 Demi-écu aux lauriers, 1731, Caen (51). FDC. 10 »

517 Cinquième d'écu aux lauriers, 1726, Bordeaux (52). B. 2 »

518 Dixième d'écu aux lauriers (53). TB. 1 50
519 Vingtième d'écu aux lauriers (54). B. 2 »
520 Sol et double sol aux L entrelacés (68 et 69). TB. à 0 50
521 Écus au bandeau, 1767, Bayonne, et 1769, Pau (56). TB. à 8 »
522 Demi-écu au bandeau, 1760, Lille (58). FDC. 15 »
523 Cinquième d'écu au bandeau, 1760 (59). FDC. 1 25
524 Dixième d'écu au bandeau, 1760 (60). FDC. 1 »
525 Vingtième d'écu au bandeau, 1760 (61). TB. 0 75
526 Sols de Béarn, 1724, 1727 et 1728. Produit des mines (80). TB. à 1 50
527 Sol, demi-sol et liard à la grosse tête et à l'écu évasé, 1768, Aix. B. à 2 »
528 Écu à la vieille tête (62). TB. 8 »
529 Demi-écu, 1771. Mêmes types (64). FDC. 20 »
530 24 sols, 1774, Strasbourg (65). TB. 5 »
531 12 sols, 1774, Limoges (66). B. 2 »
532 6 sols, 1774. Mêmes types (67). TB. 2 »
533 Liard incuse, Metz. TB. 2 »

COLONIES

534 *Iles du Vent.* 12 sols, 1731 et 1732 (85). B. à 3 »
535 — 6 sols, 1731 et 1732 (86). B. à 6 »
536 *Iles de France et Bourbon.* 2 sols à la grande couronne, s. d. (101). B. 4 »
537 — Sol. Mêmes types (102). TB. 5 »
538 *Karikal et Pondichéry.* Cache à légende tamoule (Zay, p. 285, n° 37). B. 4 »
539 *Yanaon.* Pagode (Zay, n° 38). Cliché en plomb. TB. 2 »
540 *Pondichéry.* Double fanon et fanon d'argent (92 et 95). B. à 2 50
541 — Demi-fanon d'argent (96). B. 6 »
542 — Doudou et demi-doudou (97). B. à 2 »
543 — Cache (98). B. 3 »
544 *Mahé.* Fanon d'argent fr. à Pondichéry, 1750. TB. 8 »

545 — Demi-biche, 1753 (100). B. 3 »

546 — Quart de biche, 176. Inédit. B. 10 »

547 *Indes françaises*. Plomb de la 2e Compagnie des Indes (Zay, p. 271). B. 3 »

548 *Colonies de l'Amérique*. 12 deniers, 1717, Perpignan (81). Surmoulage de cuivre. B. 2 »

549 *Canada*. Pièces de 30 deniers dites Mousquetaire, 1710 (222). B. 2 »

Cette pièce, créée pour le service de la métropole en 1709, eut cours au Canada en vertu de l'ordonnance du 30 janvier 1744 (Zay, p. 66, note 1).

550 — Double sol dit *Marqué*, aux L entrelacés, 1738 (68, et Zay, p. 66). TB. 2 »

551 — Sol. Mêmes types (70). B. 3 »

552 *Tabago*. Pièce du no 555, surfrappée de TBO. B. 2 »

553 *Colonies en général*. Sol de 9 deniers aux deux L en sautoir, 1721 et 1722, La Rochelle (83). B. à 1 »

554 — Même pièce fr. à Rouen, 1721. B. 3 »

555 — Pièces au C couronné, surfrappées sur des doubles sols (87, et Zay, p. 25). TB. à 3 »

Traces des légendes et des dates encore visibles.

556 — La même pièce fausse du temps (Zay, p. 69, note 1). TB. 2 »

557 — Sol de 12 deniers, 1767. Main de justice et sceptre en sautoir (82). TB. 3 »

Louis XVI (1774-1793).

Première période (1774-1789).

558 Écu de 6 livres, 1784, Pau (11). FDC. 12 »

559 Demi-écu, 1774, Paris (13). FDC. 8 »

560 24 sols (14). TB. 1 50

561 12 sols (15). TB. 1 »

562 Même pièce, avec LUD XV (au lieu de XVI), etc., 1785, Paris. TB. 5 »

563 6 sols à la tête de Louis XV, 1779. Types du no 532. Monnaie posthume. TB. 1 »

564 6 sols, 1783 (16). TB. 2 50
565 Sols, demi-sols et liards variés. TB. à 0 50
566 *Colonies en général.* Essai de Guiquero, 1781, Orléans. Soleil rayonnant sur trois fleurs de lis. ℟. Deux L enlacés et couronnés au milieu d'une Gloire (22). Cuiv. TB. 10 »
567 — 3 sous, 1781 (24). Surmoulage en cuivre. B. 2 »
568 — Pièce au C couronné. Sans revers. TB. 1 »
569 *Alger* (Régence). Pièce fr. par la Compagnie française d'Afrique, 1786 (Zay, p. 241). Surmoulage en cuivre. TB. 3 »
570 *Iles de France et Bourbon.* 3 sols, 1779 et 1781 (26). TB. à 1 »
571 *Mahé.* Biches, 1785, 1787 et 1790 (31). B. à 8 »
572 *Cayenne.* Deux sous (29). B. 0 50
573 *Tabago.* Sol au C couronné, sur flans neufs, contremarqué de TBO, vers 1784. TB. 1 50
574 — Deux sous de Cayenne contrem. de TB ou TBO, à partir de 1789 (Zay, nos 91 et 92). B. à 1 »
575 *La Martinique et Saint-Martin.* Deux sous de Cayenne contrem. de ST M en relief et d'un M en creux (Comp. Zay, 36 et 57). TB. 10 »
576 *Saint-Martin.* Deux sous de Cayenne contrem. de SM en relief et d'une fleur de lis en creux (Zay, 36). TB. 8 »
577 *Saint-Barthélemy.* Réal de Charles III d'Espagne contrem. d'une couronne suédoise (Zay, p. 208). TB. 25 »
578 — Sol de Louis XVI contrem. d'une couronne suédoise. TB. 10 »
579 — Deux sols de Cayenne contrem. d'une couronne suédoise. TB. 12 »
580 *Saint-Eustache.* Deux sols de Cayenne contrem. de SE en creux (Zay, n° 77). B. 5 »

Deuxième période (1789-1791).

581 Écu de 6 livres, 1790. Types du n° 558. FDC. 12 »
582 Écu de 6 livres, 1792. Mêmes types. Date rare (410). FDC. 20 »

583 Demi-écu, 1792. Mêmes types (411). TB. 10 »
584 Sols, 1789 à 1791 (17). TB. à 0 50
585 Sol fr. à Rouen sur flan large, 1791. B. 2 »
586 Sol fr. à Limoges, 1791. Métal de cloche. B. 1 »
587 Sou au buste du roi frappé en Irlande. B. 3 »

Révolution (1789-1792 [1]).

588 Dix sols (dixain), 1791, Lyon. Métal de cloche (336). B. 3 » TB. 5 »
589 Même pièce en cuivre rouge. B. 4 »
590 Demi du précédent. Mêmes légendes. Métal de cloche (337). TB. 6 »

CRISE MONÉTAIRE A PARIS

591 Cinq sols avec XIIII juillet, an III et 1791. Serment de la garde nationale à la Constitution (340). TB. 1 »
592 Variété avec 14 juillet, an III et 1792 (430). TB. 2 »
593 Variété avec an IV (431). FDC. 2 »
594 Autre variété avec MEDAILLE QUI SE VEND 5 SOLS A PARIS CHEZ MONNERON PATENTÉ (432). FDC. 3 »
595 Variété avec PATENTÉ entre parenthèses (433). FDC. 5 »
596 Cinq sols à l'Hercule, an IV (435). TB. 4 »
597 Deux sols et un sol. Mêmes types. Tranche lisse. Frappe moderne. FDC. à 2 »
598 Deux sols à l'Hercule et à la Pyramide. Légende sur la tranche (439). FDC. 5 »
599 Monnerons de deux sols à la Liberté assise, an III et IV (342, 344 et 438). TB. à 1 50
600 Variété avec légende anglaise sur la tranche, faite à Birmingham. B. 3 50
601 Lefèvre, Lesage et Cie. 20, 10 et 5 sols (440, 443 et 444). B. 4 »

1. Hennin, *Histoire numismatique de la Révolution française*. Paris, 1826.

602 Caisse de Bonne Foi. 3 sols à l'Enfant foudroyant l'hydre, an III (345). B. 3 »
603 — 6 blancs au buste de Minerve (346). TB. 2 »
604 Caisse métallique. 18 deniers aux faisceaux, an IV (450). TB. 3 »
605 Manufacture de porcelaine (Potter). 5 sols, 1792 (449). TB. 4 »
606 Barnabites. Cloche et revers de la pièce de 12 deniers, 1791. Sol en métal de cloche sans bélière (286). B. 15 »

CRISE MONÉTAIRE A LYON

607 Deux sols de Clemanson et Cie, an IV. Cuiv. jaune (454). TB. à 2 »
608 Même pièce. Cuivre rouge. B. 4 »

Louis XVI, roi constitutionnel (1791-1793 [1]).

609 Écu de 6 livres, 1793. Tête nue, à g., et le Génie de la France (60). TB. 8 »
610 Petit écu de 3 livres, 1792 (62). TB. 8 »
611 Petit écu de 3 livres, 1793. B. 10 »
612 30 sols, 1791 et 1792 (63 et 316 et 415). TB. à 3 »
613 30 sols, 1793, Lille. B. 4 »
614 15 sols, 1791 (avec FRANÇOIS), Paris (65 et 317). FDC. 2 »
615 15 sols, 1791, Marseille, Metz et Strasbourg (sans cédille sous le C de FRANCAIS). B. à 2 50
616 15 sols, 1792, Lyon. Légende précédente. B. 3 »
617 15 sols, 1792 (avec FRANÇAIS), Strasbourg. TB. 4 »
618 15 sols, 1793, Toulouse. Légende du n° 614 (67 et 592). Date rare. AB. 15 »
619 2 sols. Ateliers variés, 1791 à 93 (70). TB. à 1 »
620 2 sols, Lille, 1792, an 5. Erreur de frappe. B. 4 »
621 12 deniers, 1791 à 1793. Ateliers divers (72). TB. à 0 50
622 12 deniers fr. en essai, Metz, 1791. Tranche lisse. FDC. 3 »

1. Hoffmann et Hennin.

623 12 deniers fr. à Strasbourg, 1792. Avers du n° 612. Revers du n° 621. Métal de cloche. AB. 2 »

624 6 et 3 deniers, 1792 et 1793. Ateliers divers (73 et 74). TB. à 0 75

625 Essai de la pièce de 30 sols au buste de Louis XVII. Br. FDC. 3 »

COLONIES

626 *Pondichéry*. Roupie au croissant fr. à Arcate, en l'an de l'Hégire 1207 (1792-93) (Comp. Zay, p. 284). TB. 30 »

Cette pièce, dont la première émission a eu lieu sous Louis XV, en 1737, valait environ 48 sous. Elle a eu cours dans les possessions franç. de l'Inde jusqu'en 1839. Frappée au titre français, elle se distingue des roupies du pays par un petit *croissant* qui précède l'année du règne du Châh Alam II 32° (٣٢) année de son règne (1173 à 1221).

627 *Guadeloupe*. Double sol au type du n° 608, poinçonné d'un G dans un cercle dentelé (Zay, n° 18). Rare. B. 15 »

628 — Sol au type du n° 610, poinçonné d'un G. B. 3 »

629 *Saint-Domingue*. Sol au type du n° 573, poinçonné de S : D (en relief) dans un carré (Zay, n° 83). TB. 10 »

République[1].

LA CONVENTION — LA TERREUR (1792-1795).

An I (22 sept. 1792 — 21 sept. 1793).

630 Essai du double sol au Génie, 1793 (614 et 618). 2 var. TB. à 2 50

631 Essai du sol, 1792. Mêmes types (424 et 425). TB. à 1 »

632 Le même, avec RENGNE (*sic*) DE LA LOI (423). TB. 5 »

1. Hennin.

633 Essai du demi-sol, 1792. Bonnet phrygien sur un faisceau. B. 1 »

634 Essai au buste de Mirabeau, 1792. Métal de cloche fr. par les artistes réunis de Lyon (405). TB. 8 »

An II (22 sept. 1793 — 21 sept. 1794).

635 Essai, an II. La Liberté assise, de face (605). Br. Refrappe. TB. 3 »

636 Écu de 6 livres (598). FDC. 9 »

637 Trois livres (612). Cliché en bronze. TB. 3 »

On ne connait que quelques exemplaires en argent de cet essai.

638 Cinq décimes de Robespierre, à la fontaine (608). TB. 4 »

639 2 sous et sous au type des tables de la Loi. Ateliers divers (600 et 601). B. à 1 »

640 Sou fr. à Paris. Même type (601). Essai en cuivre jaune. Rare. B. 10 »

641 Sou fr. à Strasbourg. Même type. Variété double du poids. Cuiv. jaune. B. 4 »

642 Demi-sou fr. à la Rochelle. Même type (602). Rare. B. 4 »

COLONIES

643 *Guadeloupe.* Sol contremarqué de RF. Type du n° 557 (603). TB. à 1 50

644 *Saint-Domingue.* Sou aux balances fr. à Jacmel par Toussaint-Louverture (Zay, 84). Cuiv. jaune. Usé. 8 »

MONNAIES OBSIDIONALES

645 *Mayence.* 5, 3 et 1 sols (504 à 507). Ensemble. TB. 3 »

646 *Lyon.* Bons pour 20 livres et 50 sous. Papier. 2 p. à 3 »

An III (22 sept. 1794 — 22 sept. 1795).

647 25 centimes à la tête de la Liberté. Cuiv. jaune. B. 6 »
648 Même pièce. Frappe moderne. Cuiv. rouge. TB. 1 »
649 10 centimes. Serpent, massue et faisceau (678). TB. 8 »
650 5 centimes. Cippe (679). Frappe moderne en cuivre. FDC. 1 »
651 Siège de Maestricht. Écu à 100 stuver, 1794. TB. 8 »
652 Siège de Luxembourg. Sol, 1795. TB. 1 »

Le Directoire (1795-1799).

L'An IV (23 sept. 1795 — 21 sept. 1796).

653 5 francs. Hercule unissant la Liberté et l'Égalité.
Première pièce de 5 francs fr. à Paris. TB. 10 »
654 2 décimes fr. à Limoges. Cuiv. rouge. TB. 2 »
655 Même pièce fr. à Paris. FDC. 1 »
656 Même pièce. Métal de cloche. B. 1 50
657 Un décime. Même type. Cuiv. rouge. TB. 1 50
On y a gratté le chiffre 2 et l'S de décimes pour y mettre : UN.
658 Un décime surfrappé sur un 2 décimes. Type du n° 655. B. 2 »
659 Décimes fr. à Limoges, Lyon et Paris. TB. à 2 »
660 5 centimes (sans couronne), Limoges. TB. 1 »

L'An V (22 sept. 1796 — 21 sept. 1797).

661 2 décimes. Type du n° 654. TB. 2 »
662 Un décime fr. à Lille, Limoges, Lyon, Paris, Rouen et Strasbourg. Cuiv. rouge et métal de cloche. B. 1 » TB. 2 »
663 Même pièce fr. à Nantes. Cuiv. rouge. TB. 3 »
664 Même pièce. Type du n° 657. TB. 1 50
665 Décime fr. à Paris. Cuiv. rouge. Rare. B. 4 »
666 Décime. Type du n° 658. B. 1 50

667 2 décimes à deux têtes de la Liberté. Erreur de frappe. B. 3 »

668 5 centimes, Limoges. Type du n° 660. TB. 3 »

669 5 centimes. Types précédents, mais la valeur dans une couronne. Lille, Limoges, Lyon, Metz, Nantes, Orléans, Paris, Rouen et Strasbourg. Selon la rareté et la conservation. 0 50 à 1 »

670 Même pièce, Paris. La lettre A surfrappée sur la lettre B. B. 1 50

671 Variété avec CNIQ (au lieu de CINQ), Limoges. Cuiv. rouge. B. 4 »

COLONIES

672 *Martinique et Sainte-Lucie*. Coupure dentelée d'un douzième de demi-gourde appelée « la Petite pièce », ayant cours pour un demi-escalin ou 7 sous 6 deniers (Zay, 45, p. 211 et note). TB. 6 »

L'An VI (*22 sept. 1797 — 21 sept. 1798*).

673 Un décime, Paris. Très rare. AB. 4 »

674 5 centimes, Paris, Bordeaux et Strasbourg. Type du n° 669. B. à 1 »

675 Essai d'un centime (868). TB. 6 »

676 Occupation française au Caire. Grouch de 40 médins fr. en 1798 par le général Bonaparte, 1203 de l'Hégire. (Bonneville, pl. 4, n° 9, var.) Rare. B. 20 »

L'An VII (*22 sept. 1798 — 22 sept. 1799*).

677 Un décime et 5 centimes, Bordeaux, Lille, Lyon, Paris et Strasbourg. Cuiv. rouge et métal de cloche. B. à 1 »

678 Siège de Mantoue. Pièce de 10 sous. TB. 4 »

679 — Pièce de 5 sous. TB. 2 »

680 — Pièce d'un sou. TB. 1 »

681 — Pièces de 5 sous et d'un demi-sou de Milan aux empreintes autrichiennes, de 1758 et 1777, fr. sur les ordres du gouverneur français. B. 3 »

Invasion française[1].

682 *République romaine*. 2 baiocchi. Faisceau et légende (M. 139). TB. 3 »

683 — 2 1/2 baiocchi au buste de saint Pierre, 1796 et 1797. TB. à 3 »

684 — 5 baiocchi au buste de la Vierge, 1797. TB. 3 »

685 *République napolitaine*. 4 et 6 tornesi. B. à 1 »

686 *Civita-Vecchia*. 5 baiocchi, 1797. TB. 3 »

687 *Fermo*. 2 1/2 baiocchi, 1797. B. 3 »

688 *Macerata*. 5 baiocchi, 1798. TB. 4 »

689 *Pérouse*. 5 baiocchi, 1797. 2 var. TB. à 3 »

690 *Saint-Severino*. 2 1/2 baiocchi, 1796, au buste de saint Pierre. B. 2 »

691 — 5 baiocchi, 1797, au buste de la Vierge. TB. 3 »

692 *Tivoli*. 5 baiocchi, 1797. TB. 4 »

693 *Viterbo*. 2 1/2 baiocchi, 1796. B. 2 »

694 *République de Genève*. 15 sols, 1794. TB. 2 »

695 — Pièce de 3 et 6 sols, 1797 et 1798. B. à 1 »

696 *République helvétique*. 1 et 1/2 batz. TB. 1 » et 0 50

697 *République ligurienne*. 10 soldi, 1798. B. 3 50

Le Consulat (1799-1804).

L'An VIII (23 sept. 1799 — 22 sept. 1800).

698 Un décime, Bordeaux, Limoges, Metz, Paris et Strasbourg. B. à 1 50

699 5 centimes, Lille, Limoges, Metz, Paris et Strasbourg. B. à 1 »

700 — Pièce incuse. TB. 2 »

701 — fr. sur « décime » de même module, de l'an 4. B. 3 »

1. Milling et Millingen, *Histoire métallique de Napoléon*.

702 5 décimes au buste de Pallas. Essai de Lorthior. Bill. FDC. 16 »
703 2 décimes. Même type. Bill. FDC. 12 »
704 Essai de 2 francs au buste de Lavoisier, par Ph. Gengembre. Br. Légende sur la branche. TB. 4 »

COLONIES ET OCCUPATION FRANÇAISE

705 *Martinique.* Pièce de 5 centimes de l'an 5, poinçonnée d'un cœur couronné (Zay, 59). TB. 10 »
706 — Pièce de 2 sous, de Cayenne, contremarquée d'un M (Zay, 57). TB. 5 »
707 — Décime de l'an 8 taillé en forme de cœur (Zay, 60). B. 5 »
708 *Saint-Domingue.* Un décime coulé (Zay, 86). TB. 3 »
709 *Genève.* Un décime et 5 centimes. (Types du n° 698). TB. 10 »

L'An IX (*23 sept. 1800 — 22 sept. 1801*).

710 Un décime, Limoges et Paris. B. à 1 50
711 5 centimes, Lille, Lyon et Strasbourg. B. à 1 »
712 Essai de 2 francs. Type du n° 704 (M. 186). Br. FDC. 5 »

COLONIES ET OCCUPATION FRANÇAISE

713 *Saint-Domingue.* Sou aux tables de la loi fr. en 1801 par Toussaint-Louverture (Zay, 85). B. 15 »
714 *Milan.* Pièce de 30 soldi de la République cisalpine fr. à Milan en souvenir de la célébration de la paix de Lunéville et de l'inauguration de la place Bonaparte à Milan (M. 149). FDC. 5 »
715 *Genève.* Un décime et 5 centimes. Type du n° 698. B. à 8 »
716 *Piémont.* 5 francs de la Gaule subalpine, Turin. La Liberté et l'Égalité debout (M. 153). TB. 6 »
717 — 2 soldi au triangle égalitaire (M. 151). B. 1 »

L'An X (23 *sept. 1801 — 22 sept. 1802*).

718 Essai de 2 francs au buste du premier consul, par Ph. Gengembre (M. 188). Br. TB. 4 »

COLONIES ET OCCUPATION FRANÇAISE

719 *Saint-Domingue*. Pièce de 2 escalins (Zay, 80). Arg. B. 20 »
720 — Pièce d'un escalin (Zay, 81). Arg. TB. 20 »
721 — Pièce d'un demi-escalin (Zay, 82). Cliché en plomb. B. 1 50
722 *Piémont*. 5 francs de la Gaule subalpine fr. à Turin. Type du n° 716. FDC. 8 »

L'An XI (23 *sept. 1802 — 23 sept. 1803*).

723 5 francs. Type à l'Hercule de l'an 4. TB. 10 »
Dernière pièce frappée sous la première République à ce type qui ne fut repris qu'en 1848.
724 5 francs, Paris. *Nouveau type*. Tête à la *Titus* du premier consul tourné à dr. ℞. REPUBLIQUE FRANÇAISE. Valeur dans la couronne. FDC. 12 »
725 Franc. Même type. FDC. 3 50
726 Demi-franc. Même type. FDC. 3 »
727 Essai d'Andrieu. Bonaparte élu premier consul à vie (Mill. 406). Arg. TB. 3 50
728 Essai de la pièce de 40 francs, par Tiolier. Cliché en plomb. TB. 3 »
729 Essai de la pièce de 40 francs, par Vasselon. Cliché en plomb bronzé. TB. 3 »
730 Essai de la pièce de 5 francs, par Auguste (M. pl. LVI). Br. TB. 4 »
731 Essai de la pièce de 5 francs, par Tiolier. Cliché en étain. TB. 3 »
732 Essai de la pièce de 5 francs, par Brenet, Galle, Lavy, Lambert, Jeuffroy et Vasselon. Clichés en plomb bronzé. TB. à 2 »

COLONIES

733 *Guadeloupe.* Fragment de gourde étampé de RF et valant un escalin (Zay, 3). Arg. TB. 15 »

Commencement de l'an XII (24 sept. 1803 — 18 mai 1804).

734 5 francs. Type du n° 724, Paris (M. 316). FDC. 10 »
735 La même pièce fr. à Toulouse. TB. 8 »
736 2 francs. Même type, Paris. FDC. 5 »
737 Franc. Même type, Paris. FDC. 3 »
738 Demi-franc. Même type, Marseille. FDC. 2 »
739 Quart de franc. Même type, Paris. FDC. 1 »
740 Même pièce fr. à Marseille. B. 1 »
741 Essai de la pièce de 5 francs, par Droz. Clichés en étain. TB. 4 »

COLONIES

742 *Surate.* Roupie fr. l'an 46 du règne du shah Alem II (1218 de l'Hégire = 1803). Arg. TB. 10 »
743 — Fanon d'argent. TB. 6 »

Ces deux pièces sont de fabrication anglaise, mais elles ont circulé dans la factorerie fr. de Surate après la rupture de la paix d'Amiens.

DYNASTIE IMPÉRIALE (1804-1814)

LES NAPOLÉONS

Fin de l'an XII (18 mai 1804 — 22 sept. 1804).

744 5 francs, Paris. *Nouveau type.* Tête nue, à dr., de l'empereur. Revers du n° 724. Coin de Tiolier (M. 323). FDC. 15 »
745 2 francs, Rouen. Même type. TB. 5 »
746 Franc, Paris. Même type. FDC. 3 »
747 Demi-franc, Paris. Même type. TB. 1 50

748 Quart de franc, Bordeaux, Limoges et La Rochelle. Même type. TB. à 1 »

749 Essai de Ph. Gengembre. Module du quart de franc. Tête laurée, à dr., et coupe antique. Arg. FDC. 10 »

750 Essai de Ph. Gengembre. Module du quart de franc. Tête laurée, à dr., et initiales du graveur. Br. FDC. 5 »

L'an XIII (*23 sept. 1804 — 22 sept. 1805*).

751 5 francs, Bayonne. *Nouveau type.* Tête nue, à dr. Revers du n° 724. Coin de Breuet. TB. 10 »

752 5 francs, Toulouse. Même type. TB. 9 »

753 2 francs, Paris. Type du n° 745. FDC. 5 »

754 Franc. Même type (M. 318). FDC. 3 »

755 Demi-franc. Même type (M. 319). FDC. 1 75

756 Quart de franc, Bayonne. Même type (M. 320). FDC. 1 »

L'an XIV (*23 sept. 1805 — 31 décembre 1805*).

757 5 francs, Paris. Type de l'an XIII. TB. 15 »

758 2 francs, Paris. Type du n° 745. FDC. 10 »

759 Franc, Paris. Même type. FDC. 6 »

760 Demi-franc, Bayonne. Même type. B. 4 »

761 Quart de franc, Bayonne. Même type. B. 2 »

1806.

762 Cinq francs, Paris. Type de l'an XIII (M. 324). FDC. 10 »

763 2 francs, Paris. Type du n° 745. FDC. 6 »

764 Franc, Paris. Même type. FDC. 4 »

765 Demi-franc, Paris. Même type. FDC. 2 50

766 Quart de franc, Paris. Même type. FDC. 1 50

767 Quart de franc, Perpignan. TB. 1 50

768 Essai de la pièce de 40 francs, par Droz (Coll. Hoff. 1370). Étain TB. 10 »

769 Essai de la pièce de 10 centimes par Tiolier. Cercle de bronze encastrant une rondelle d'argent sur laquelle est une aigle éployée et la valeur (M. 336). TB. 15 »

770 Essai par Brenet. Pièce fr. en virole pleine par le procédé de Salneuve. Br. TB. 6 »

771 2 francs. Pièce fausse du temps, poinçonnée d'une tête de tigre. Plomb. B. 3 »

772 Penny anglais poinçonné de N et d'une tête de tigre. B. 5 »

773 Essai de Tiolier. Visite du prince de Bavière à la Monnaie de Paris. Br. Module de 2 francs. Légende sur tranche (M. 210). TB. 4 »

1807.

774 *1er type*. 5 francs, Bayonne. Type de l'an XIII. Coin de Brenet. TB. 20 »

775 2 francs, Toulouse. Type du n° 745. TB. 6 »

776 Franc, Bayonne. Même type. TB. 4 »

777 Quart de franc, Bayonne et Bordeaux. B. à 1 »

778 *2e type*. 2 francs à la tête de nègre, Paris. AB. 5 »

779 Franc, Paris. Même type. FDC. 7 »

780 Demi-franc, Paris. Même type. FDC. 4 »

781 Quart de franc, Paris. Même type. FDC. 1 50

782 *3e type*. 5 francs, Paris. Type de l'an XIII, mais lauré, le buste plus court (M. 326). Rare. B. 15 »

783 2 francs à la tête de nègre, mais laurée. TB. 8 »

784 Franc. Même type. FDC. 5 »

785 Demi-franc. Même type. FDC. 4 »

786 Quart de franc. Même type. FDC. 1 50

787 Essai de 10 centimes, par Tiolier. Type du n° 769, mais, au lieu de l'aigle, le N couronné. FDC. 15 »

1808.

788 5 francs, Rouen. Type du n° 782. FDC. 10 »

789 2 francs, Paris. Type du n° 783. FDC. 4 »

790 Franc, Strasbourg. Même type. FDC. 3 »
791 Demi-franc, Lyon. Même type. FDC. 2 »
792 Quart de franc, Paris. Même type. FDC. 1 50
793 10 centimes au grand N couronné, Limoges, Lille, Paris et Strasbourg (M. 334). B. à 0 75
794 5 centimes au grand N, Strasbourg. TB. 0 75

COLONIES

795 *Saint-Domingue*. Flan de cuivre (module du sou) poinçonné de $\frac{N}{SD}$ (Zay, 87). TB. 6 »

1809.

796 5 francs, Rouen. Type du n° 782, mais avec EMPIRE FRANÇAIS au revers (329). FDC. 10 »
Cette légende a été substituée à celle de « République française », par décret impérial du 22 octobre 1808.
797 2 francs, Paris. Type du n° 783. Légendes précédentes (M. 330). FDC. 4 »
798 Franc, Paris. Mêmes types et légendes (M. 331). FDC. 2 50
799 Demi-franc, Paris. Mêmes types et légendes. (M. 332). FDC. 2 »
800 Quart de franc, Paris. Mêmes types et légendes. (M. 333). FDC. 1 50
801 10 centimes, Limoges, Nantes, Paris, Rouen, Strasbourg et Toulouse. Type du n° 793. TB. à 0 50
802 Essai de Tiolier. Visite du roi de Saxe à la Monnaie de Paris. Module de 2 francs. Br. (M. 251). FDC. 5 »

1810.

803 5 francs, Paris. Type de 1809. FDC. 12 »
804 2 francs, Paris. Même type. B. 4 »
805 Franc, Rouen. Même type. FDC. 4 »
806 Demi-franc, Paris. Même type. TB. 2 »
807 10 centimes, Perpignan et Rouen. Type du n° 793. TB. à 2 »

COLONIES

808 *Iles de France et Bonaparte.* Pièce de 10 livres, dite « piastre Decaen », fr. à l'Ile de France par le capitaine général Decaen, et gravée par Aveline (M. 467 et Zay, p. 260). FDC. 20 »
809 XX, X et V cash fr. à Madras, 1803 et 1808, par la Compagnie des Indes orientales (Zay, p. 266). TB. à 1 »

1811.

810 5 francs, Paris. Type de 1809. FDC. 10 »
811 2 francs, Paris. Type de 1809. FDC. 4 »
812 Franc, Lyon. Type de 1809. Flan bruni. FDC. 3 »
813 Demi-franc, Rouen. Type de 1809. TB. 1 50

1812.

814 5 francs, Lyon. Type de 1809. FDC. 12 »
815 2 francs, Paris. Type de 1809. FDC. 4 »
816 Franc, Paris. Type de 1809. FDC. 2 50
817 Demi-franc, Paris. Type de 1809. FDC. 1 50

1813.

818 5 francs, Bayonne. Type de 1809. FDC. 10 »
819 2 francs, Bordeaux. Même type. TB. 3 50
820 Franc, Paris. Même type. FDC. 2 50
821 Demi-franc, Paris. Même type. FDC. 1 50

MONNAIES OBSIDIONALES

822 *Cattaro.* Franc. TB. 15 »
823 *Zara.* 1 once, 4 fr. 60. Losange à l'aigle impériale. Sur la tranche, trois poinçons. TB. 25 »
824 *Zamosc.* 2 florins. TB. 10 »

1814.

825 5 francs, Paris. Type de 1809. FDC. 10 »
826 2 francs, Paris. Type de 1809. TB. 5 »

827 Franc, Paris. Type de 1809. FDC. 5 »
828 Demi-franc, Paris. Type de 1809. FDC. 4 »

MONNAIES OBSIDIONALES

829 *Anvers*. 10 centimes au grand N. Sous le ruban enlaçant les deux branches d'olivier, un R. Cuiv. rouge (M. 493 var. et Maill. VI, 4). FDC. 2 »
830 — Variété avec un W (initiale du graveur Wolschat) sous le N (Maill. VI, 3). FDC. 2 »
831 — 5 centimes. Même type, sans l'initiale. FDC. 2 »
832 — Variété avec un V sous le N. TB. 1 50
833 — Autre variété avec JLGN (Jean-Louis Gagnepain) sur le nœud du ruban. FDC. 4 »
834 *Gênes*. Pièces de 2 soldi à la Vierge, de 4 soldi au saint Georges, et de 10 soldi au saint Jean. 3 p. (Mill. 498 et 499). TB. 8 »
835 *Hambourg*. Pièce de 32 schilling fr. par le maréchal Davout (Maill. XLV, 3). TB. 8 »
836 — Dreiling (Maill. XLV, 7). TB. 1 50

Ces pièces furent frappées en 1814 avec les coins hambourgeois de 1809.

837 *Palma-Nova*. 50 centimes (Mailliet, XC, 1 et M. 492). Cuiv. saucé. FDC. 15 »
838 *Strasbourg*. 1 décime. 2 variétés (M. 495). TB. à » 50

COLONIES

839 *La Guadeloupe*. Gourde ou piastre de Ferdinand VII d'Espagne, dont le centre est enlevé en forme de carré dentelé. L'écu est poinçonné d'un G couronné des deux côtés (Maill., XLV, 2. — Zay, 5). Rare. B. 15 »
840 — Carré dentelé, enlevé d'une piastre semblable à la précédente et marqué d'un G posé au centre d'une Gloire (Maill., XLV, 1. — Zay, 6). Rare. TB. 20 »
841 — Moco ou quart d'écu de 6 livres de Louis XVI,

dentelé et poinçonné aux trois angles d'un G couronné (Hennin, 421. — Zay, 8). Rare. TB. 25 »

842 — 24 sols de Louis XV, poinçonnés d'un G couronné (Zay, 9). 2 var. TB. à 15 »

843 — 12 sols de Louis XV, poinçonnés d'un G couronné (Zay, 10). TB. 15 »

844 — 6 sols de Louis XV, poinçonnés d'un G couronné (Zay, 11). TB. 12 »

845 *La Désirade*. Sou de Louis XVI contrem. de G.LD dans un cœur (Zay, 35). B. 6 »

847 *Martinique*. Double réal hispano-mexicain percé en forme de cœur, découpure en biseau. B. 5 »

848 — Le même percé en cœur (Zay, 47). TB. 8 »

849 — Réal d'Espagne percé en cœur (Zay, 48). B. 5 »

850 — Demi-réal hispano-mexicain percé en cœur aux bords rayés sur les deux faces (Zay, 51). B. 5 »

851 — Cœur taillé dans un demi-réal (Zay, 52). B. 5 »

852 — Réal de Ferdinand VI, poinçonné d'un ovale renfermant un 9 couronné et un M (Zay, 55). B. 4 »

853 *Sainte-Lucie*. Coupure de quart de demi-gourde appelée les « trois petites pièces » étampée de deux marques rondes et dentelée (Zay, 64). TB. 15 »

854 — 4 pièces d'argent provenant de pièces espagnoles avec l'empreinte S : Lucie (Zay, 71, 73, 75 et 76). TB. 25 »

855 — Demi-penny anglais poinçonné de S L. B. 10 »

Cette pièce y a circulé pendant l'occupation anglaise de 1811 à 1815.

856 *Pondichéry*. Quart de roupie au croissant fr. à Arcate, par Châh-Alam II, en 1803 (Zay, 34 var.). TB. 15 »

856 *bis* Fac-similé en étain de la dernière roupie française au croissant fr. à Arcate en 1806 (Zay, 32). TB. 1 50

OCCUPATION FRANÇAISE

Monnaies au type français, frappées dans les ateliers étrangers annexés, de l'an XI à 1814.

857	*Genève.* Franc, an XI, avec le lion, différent du directeur Daubigny. Type de l'an XI. Rare.	FDC.	20	»
858	*Gênes.* 5 francs, 1813. Type de 1809.	TB.	18	»
859	— 2 francs, 1813. Même type.	B.	10	»
860	— Demi-franc, 1813. Même type.	B.	10	»
861	*Rome.* 5 francs, 1812. —	TB.	16	»
862	— Franc, 1812. —	AB.	4	»
863	*Turin.* 5 francs, 1811. —	TB.	20	»
864	— 2 francs, 1809. —	AB.	8	»
865	— Franc, 1813. —	B.	10	»
866	— Demi-franc, 1811. —	B.	8	»
867	— Quart, an 13. Type et légendes de l'an 13.	TB.	8	»
868	— Quart, an 14. Mêmes types et légendes. Rare.	B.	10	»
869	— Quart, 1807. Type de 1807 (1er type).	B.	4	»
870	*Utrecht.* 5 francs, 1813. Type de 1809.	FDC.	25	»
871	— 2 francs, 1812. Même type.	FDC.	10	»
872	— Franc, 1813. Même type.	B.	3	50
873	— Demi-franc, 1812. Même type.	FDC.	3	50

Napoléon, roi d'Italie (1805-1814).

874	5 lire, Milan, 1809. *1er poinçon de Salwirck.* Tranche en relief.	TB.	10	»
875	2 lire, Milan, 1808. Même type.	FDC.	5	»
876	Lire, Milan, 1808. Même type.	TB.	2	»
877	10 soldi, Milan, 1808. Même type.	B.	3	»
878	Soldo, Bologne, Milan et Venise, 1807 à 1810. Selon la rareté et la conservation	0 75 à	2	»
879	3 centesimi et centesimo. Dates et ateliers variés.	TB. à	0	50

880 5 lire, Milan, 1811, 2e *poinçon de Salwirck.* Tranche en creux (M. 339). FDC. 12 »

881 2 lire, Milan, 1814. Même type (M. 340). FDC. 5 »

882 Lire, Bologne, 1811; Milan, 1814 et Venise, 1813 (M. 341). FDC. à 2 »

883 15 soldi, Milan, 1808 (M. 342). Rare en bel état. TB. 5 »

884 10 soldi, Milan, 1810 (M. 343). FDC. 3 »

885 5 soldi, Bologne, 1813; Milan, 1809 et 1814 et Venise, 1812 (M. 344). FDC. à 1 »

886 10 centesimi, Milan, 1809, 1811 et 1813. FDC. à 0 50

887 Soldo, Milan, 1811 à 1813; 3 centesimi, Milan, 1811 et 1812 et centesimi, Milan, 1812. TB. à 0 50

Joseph-Napoléon, roi de Naples (1806-1808).

888 Grand écu d'argent de 120 grani, 1808. FDC. 12 »

Joseph-Napoléon, roi d'Espagne (1808-1814).

889 Cliché en étain de la pièce d'or de 320 réaux, 1812. TB. 5 »

890 Piastre forte ou 20 réaux, 1811. FDC. 10 »

891 Demi-piastre de 10 réaux, 1812. TB. 12 »

892 4 réaux, 1811. FDC. 3 »

893 2 réaux, 1811. B. 3 »

894 2 réaux, 1813. B. 4 »

895 Réal, 1812. B. 3 »

896 Sols ou 8 maravédis, 1811 et 1812. B. à 1 »

897 Piastre de 8 réaux *plata*, 1809. TB. 20 »

898 4 réaux contremarqués pour avoir cours à Costa-Rica pour 4 réaux *plata*. B. 15 »

899 4 réaux contremarqués pour avoir cours à Cuba pour 4 réaux *plata*. B. 10 »

900 Sol au type du n° 896 contremarqué d'une tête de nègre pour avoir cours dans les possessions espagnoles. B. 4 »

901 *Barcelone*. Piastre ou 5 pesetas à l'écu losangé, 1812. FDC. 10 »

902 — 2 1/2 pesetas, 1808. Même type. TB. 8 »
903 — Pesetas, 1809, 1811 et 1813. TB. à 3 50
904 — 4 quartos, 1809 à 1814. TB. à 1 »
905 — 2 quartos, 1808 et 1809. TB. à 2 »
906 — Un quarto, 1810. B. 3 »
907 — Demi-quarto, s. d. B. 4 »

Louis-Napoléon, roi de Hollande (1806-1811).

908 Écu à 50 stuivers, 1808 (M. 357). TB. 8 »
909 Florin, 1809. Rare. FDC. 15 »
910 Pièce de 10 stuivers. FDC. 20 »
911 *Indes bataves*. Seizième et trente-deuxième de florin, 1808. TB. à 1 »
912 *Java*. Double stuiver, 1810. Lingot de cuivre. TB. 3 50
913 — Stuiver, 1810. Lingot de cuivre. TB. 3 »
914 — Demi-stuiver au monogramme du roi, 1810 et 1811. B. à 2 »
915 — Quart de stuiver au monogramme du roi, 1809, 1810 et 1811. B. à 1 50

Jérôme-Napoléon, roi de Westphalie (1807-1814).

916 Cliché en étain des pièces d'or de 10 francs et de 5 francs. Ensemble. FDC. 4 »
917 Essai de la pièce de 5 frank, Paris, 1808. Coin de Tiolier. Tranche lisse. Étain bronzé. FDC. 10 »
918 Pièce de 5 frank, 1809. Légende sur la tranche (M. 360). TB. 20 »
919 Pièce de 2 frank, 1808. Légende sur la tranche. Flan bruni. FDC. 20 »
920 Pièce d'un frank, 1808. Légende sur la tranche. Flan bruni. FDC. 25 »
921 Pièce d'un demi-frank, 1808. Tranche lisse. Flan bruni. FDC. 15 »
922 20, 10, 5, 3, 2 et 1 cent. fr. à Clausthal, 1808 à 1812. TB. à 0 50
923 Écu ou thaler fr. à Clausthal. Mines de Mansfeld, 1811 (M. 362). FDC. 15 »

924 Demi-écu fr. à Clausthal. Mines de Clausthal, 1811. FDC. 10 »
925 Sixième d'écu fr. à Brunswick, 1809. TB. 4 »
926 Douzième d'écu fr. à Clausthal, 1809. TB. 2 »
927 Vingt-quatrième d'écu fr. à Cassel, 1809. TB. 1 50
928 4 pfenning fr. à Clausthal, 1808. B. 2 »
929 2 pfenning fr. à Clausthal, 1810. TB. 3 »
930 1 pfenning fr. à Clausthal, 1808. TB. 2 »

Joachim Murat, grand-duc de Berg et de Clèves (1806-1808).

931 Petit écu fr. à Dusseldorf, 1806 (ST = Théodore Stockmar, maître de la Monnaie) (M. 374). FDC. 20 »
932 Pièce de 3 stuber, 1806 (Sr = Stockmar). 2 var. TB. à 1 »

Joachim Murat, roi de Naples et grand-amiral de France (1808-1815).

933 Écu à 12 carlins, 1810. FDC. 16 »
934 Pièce de 3 grana, 1810. 3 — GRANA dans la couronne. 2 var. TB. à 2 »
935 Pièce de 3 grana, 1810. GRANA — 3 — 1810 dans la couronne. TB. 5 »
936 Pièce de 2 grana, 1810. GRANA — 2 dans la couronne. B. 3 50
937 5 lire, 1813. FDC. 12 »
938 2 lire, 1813. FDC. 5 »
939 Lira, 1812. Date rare. TB. 3 »
940 Lira et demi-lira, 1813. FDC. à 3 »

Alexandre Berthier, prince de Wagram et de Neuchâtel (1806-1814).

941 Batz, demi-batz et creutzer, 1806 à 1808. Selon la rareté et la conservation. 1 à 2 »

Maréchal Lefebvre, duc de Dantzig (1807-1814).

942 1 groschen, 1812. Armes de Dantzig soutenues par deux lions. Cuiv. TB. 3 »

943 1 schilling, 1809. Armes de Dantzig couronnées. Cuiv. TB. 3 »

Élisa et Félix Bacciochi, princes de Lucques et de Piombino (1805-1815).

944 5 franchi, 1805. Bustes accolés, à dr. FDC. 10 »

945 Franco, 1806 et 1807. Même type (M. 350). FDC. à 3 50

946 5 centesimi, 1806 Bustes accolés, à g. (351). TB. 4 »

947 3 centesimi, 1806. Même type (M. 352). TB. 3 »

LES BOURBONS. — *1re Restauration (avril 1814 — mars 1815).*

Louis XVIII.

948 5 francs, Paris, 1814. Buste en jabot. Coin de Tiolier. FDC. 10 »

949 *Anvers.* 10 et 5 centimes au monogramme du roi, 1814 (M. 494). B. à » 50

950 — 5 centimes, avec JLGN sur le nœud de la couronne. Même type. (Voir n° 833). TB. 1 50

951 — 10 centimes. Outre la particularité précédente, le monogramme est d'une autre forme et plus compliqué. FDC. 5 »

952 — 5 centimes. Même type. TB. 2 »

953 *Strasbourg.* Décimes à l'L perlé, 1814 et 1815 (M. 497). TB. à 1 50

954 — Décimes ordinaires, 1814 et 1815. TB. à » 50

LES CENT JOURS (*mars à juin 1815*).

Napoléon I.

955 5 francs, Paris. Type du n° 796. FDC. 15 »

956 2 francs, Paris. Nouveau type. Tête vieillie et laurée, à dr. Coin de Tiolier. FDC. 10 »

957 Essai de la pièce de 5 francs par Droz. Étain bronzé. TB. 2 50

958 *Strasbourg.* Décime à l'N couronné (M. 496). TB. » 50
959 — Même pièce incuse. B. 3 »

Napoléon II.

960 10, 5, 3 et 1 centimes, 1816. Essai en bronze. Ensemble. FDC. 5 »

Ces essais, de frappe récente, n'ont aucun caractère officiel.

Marie-Louise, impératrice, duchesse de Parme, de Plaisance et de Guastalla.

961 5 lire, 1815. Flan bruni. FDC. 10 »
962 2 lire, 1815. — FDC. 5 »
963 Lira, 1815. — FDC. 3 »
964 10 soldi, 1815. — FDC. 2 »
965 5 soldi, 1815. — FDC. 1 50
966 5 soldi, 1830. TB. 1 »
967 5, 3 et 1 centesimi, 1830. TB. à » 50

LES BOURBONS. — 2e *Restauration (juin 1815 — juillet 1830).*

Louis XVIII (1815-1824).

968 5 francs, Paris, 1815. Type du n° 948. FDC. 15 »
969 5 francs, Paris, 1816. Nouveau type. Tête nue, à g. Coin de Michaut. FDC. 10 »
970 5 francs, Lille, 1824. Même type. FDC. 9 »
971 2 francs, Paris, 1824. Même type. FDC. 4 »
972 Francs, Paris, 1816 et 1824. Même type. FDC. à 2 »
973 Demi-francs, Paris, 1821, 1823 et 1824. Même type. FDC. à 1 »
974 Quarts de franc, Paris et Rouen, 1817, 1822 à 1824. FDC. à » 50
975 Essai. Visite de Ch.-Ph. de France à la Monnaie de Paris, 1818. Module de la pièce de 5 francs. Coin de Nicolas Tiolier. Br. FDC. 5 »

976 Essai. 10 et 5 centimes, 1821. Buste et valeur dans une couronne. Br. 2 p. FDC. 8 »
977 Essai de 2 francs, 1821. Br. FDC. 4 »
978 Colonies françaises. 10 et 5 centimes, 1824. Essai. Br. FDC. 5 »
979 *Ile de Bourbon*. 10 centimes, 1816. — *Guyane*. 10 centimes, 1818. TB. à » 50
980 *Ile Maurice* (crise monétaire, 1815). Pièce de 50 et de 25 sous fr. à Calcutta. TB. 5 »

Charles X (1824-1830).

981 5 francs, Paris, 1824. Tête nue, à g., les cheveux frisés. Tranche en creux. Rare. TB. 15 »
982 5 francs, Rouen, 1825. Même type. FDC. 8 »
983 5 francs, Paris, 1830. Même type, mais les cheveux moins frisés. FDC. 8 »
984 2 francs, Paris, 1825. Même type. FDC. 6 »
985 Franc, Paris, 1825. Même type, mais l'X (de Charles X) à l'envers. FDC. 2 »
986 Franc, Bayonne, 1830. Même type. FDC. 2 50
987 Franc, Paris, 1830. Même type, mais avec la tranche cannelée. Rare. FDC. 8 »
988 Demi-franc, Strasbourg, 1829, et Paris, 1830. Tranche lisse. FDC. à 1 50
989 Quart de franc, Paris, 1825, 1829 et 1830. Même type. FDC. à » 75

CONCOURS DE 1824.

990 Essai de la pièce de 100 francs par N. Tiolier. Sans revers. Étain. TB. 2 »
991 Essai de la pièce de 40 francs par Montagny. Sans revers. Étain. FDC. 5 »
992 Essai de la pièce de 40 francs par Henrionnet. Sans revers. Étain. FDC. 5 »
993 Essai de la pièce de 5 francs par Galle. Sans revers. Cuivre plaqué d'argent. TB. 10 »
994 Essais de la pièce de 5 francs par Barre, Brenet,

Caqué, Domard, Dubour, Montagny, Oth, Salmson et Tiolier. Sans revers. Étain. FDC. à 3 »

995 Essai de 10 centimes par Tiolier. Br. FDC. 4 »

996 Essai de 2 centimes et demi par Tiolier. Br. et étain. FDC. à 3 »

997 Essai (module de 5 francs). Visite du roi et de la reine des Deux-Siciles à la Monnaie de Paris, 1830. Br. FDC. 4 »

998 *Colonies françaises.* 10 centimes, Paris et La Rochelle, 1825, 1827, 1828 et 1829 (Zay, 36 à 39). FDC. à 2 »

999 — 5 centimes, Paris et La Rochelle, 1825, 1827 à 1830 (Zay, 40 à 44). FDC. à 1 »

1000 *Guadeloupe.* Demi-gourde (jeton-monnaie). Br. octog. TB. 6 »

1001 — Quart de gourde (jeton-monnaie). Fonte de fer. TB. 3 »

Pièces frappées à la Monnaie de Paris, en 1825, pour le compte du Cercle du Commerce de la Pointe à Pitre (Zay, 29 et 30).

LES BOURBONS. — *Branche cadette.*

Louis-Philippe (1830-1848).

1002 5 francs, Paris, 1830. Tête nue et tranche en creux. Coin de Tiolier. FDC. 12 »

1003 5 francs, Paris, 1830. Même type, mais le nom du roi est suivi du quantième I. FDC. 10 »

1004 5 francs, Paris, 1831. Même type. FDC. 8 »

1005 Franc, Paris, 1831. Même type. Tranche cannelée. FDC. 2 »

1006 5 francs, Paris, 1831. La tête plus large et laurée. Coin de Domard. Tranche en relief. FDC. 10 »

1007 Francs, Paris, 1832 et Lille, 1837. Même type. Tranche cannelée. FDC. à 1 50

1008 Demi-franc, Bayonne, 1831, et Rouen, 1845. Même type. FDC. à 1 »

1009 Quart de franc, Bayonne, 1831, Paris, 1832 et 1845. Même type. FDC. à » 75

1010 50 centimes, Rouen, 1845. Même type. FDC. 1 50

1011 25 centimes, Rouen, 1845. FDC. » 75

1012 La même pièce incuse. Face au droit et au revers. TB. 1 50

1013 5 francs, Paris, 1848. Variété du n° 1006. Flan bruni. FDC. 10 »

1014 2 francs, Paris, 1848. Même type. Tranche cannelée. FDC. 3 »

1015 Franc, Paris, 1848. Même type. FDC. 2 »

1016 50 centimes, Paris, 1848. Même type. FDC. 1 »

1017 25 centimes, Paris, 1848. Même type. FDC. » 75

1018 Essai de la pièce de 100 francs, par Domard. Étain. FDC. 6 »

1019 Essai de la pièce de 5 francs, 1831, par Domard. Étain. TB. 5 »

1020 Essai de Domard. Module de 5 francs. Visite à la Monnaie de Rouen, 1831. Tranche en relief. Br. FDC. 4 »

1021 Essai. Module de 5 francs. Nantes, 1832. Br. TB. 2 »

1022 Essai en carton de la pièce de 2 francs, par Domard, Rouen, 1844. Tranche cannelée (Coll. Hoff., n° 1490). TB. 1 »

1023 Essai de un décime, par Domard. Br. fr. sur un décime de la République. FDC. 6 »

1024 Essai de 5 centimes, par Domard. FDC. 5 »

1025 Essai monétaire, 1839. Buste de Louis XIII. Module du décime. Br. FDC. 1 50

Coin emprunté à la médaille du sacre de N. Briot.

1026 Essai de décime, 1847. Cercle de bronze renfermant un disque d'argent aux lettres L P. FDC. 6 »

1027 Essai de 1 décime, 1840. Refonte des monnaies de cuivre. FDC. 3 »

1028 Essai de 5 centimes, 1840. Refonte des monnaies de cuivre. FDC. 2 »

1029 Essai, 1840. Refonte des monnaies de cuivre. Module du n° 1027. FDC. 4 »

1030 Essai de 5 centimes, *s. d.* Refonte des monnaies de cuivre. Type du n° 1028. FDC. 3 »

1031 Essai de 1846. Refonte des monnaies de cuivre. Module et type du n° 1027. FDC. 3 »

1032 Essai de 2 centimes, 1842 et 1847. FDC. à 1 25

1033 Essais de 5, de 2 et 1 centimes dits à la Charte, 1847. FDC. 8 »

1034 Essai de la presse monétaire de Genève, par Bovy. TB. 5 »

1035 Essai monétaire de Thonnelier, 1833. Tranche en relief. Br. Module de 5 francs. FDC. 5 »

1036 5 centimes de la République, surfr. en creux : « a bas Le drapeau de La Misere » pour servir de signe de ralliement aux Sociétés secrètes légitimistes, en 1832. B. 5 »

COLONIES

1037 *Pondichéry.* Cache, 1836 (Zay, 26). Cuiv. B. 3 »

1038 — Double fanon d'argent, 1837 (Zay, 16). Arg. TB. 4 »

1039 — Fanon d'argent, 1837 (Zay, 17). Arg. B. 3 »

1040 — Demi-fanon d'argent, 1837 (Zay, 18). Arg. Rare. TB. 8 »

1041 *Colonies françaises.* Essai du monnayage adopté pour la pièce de 10 centimes des Colonies, Londres, 1839. Br. FDC. 10 »

1042 — 5 et 10 centimes, 1839, 1841 à 1844 (Zay, 45 à 52). Cuiv. rouge. FDC. à 1 »

1043 — 5 et 10 centimes, 1839. Br. FDC. 5 »

1044 *Guyane.* 10 centimes, 1846. TB. 1 »

1045 *Guadeloupe.* Réal d'Espagne, poinçonné de G. P. sous une couronne (Zay, 15). B. 6 »

1046 *Alger.* Grouch d'Abd-el-Kader ayant eu cours à Alger en 1848. Bill. B. 3 »

DEUXIÈME RÉPUBLIQUE (1848-1851).

1047 5 francs à l'Hercule, fr. en essai sur flan bruni, Paris, 1848. Type modifié de l'an IV. FDC. 15 »
1048 5 francs, Bordeaux, 1849. Même type. FDC. 10 »
1049 5 francs à la tête de Cérès, par Oudiné, Paris, 1849. FDC. 8 »
1050 5 francs, Paris, 1850. Même type. Flan bruni, FDC. 12 »
1051 5 francs, Paris, 1851. Même type. FDC. 8 »
1052 2 francs, Paris, 1849. Même type. Flan bruni. FDC. 4 »
1053 Franc, Paris, 1849 à 1851. Même type. FDC. à 2 »
1054 50 centimes, Paris, 1849 à 1851. Même type. FDC. à 1 25
1055 20 centimes, Paris, 1849 à 1851. Même type. FDC. à » 50
1056 Centimes, 1848 à 1851. FDC. à » 30
1057 Cercle militaire à Rome. 40, 30 et 15 centimes. 3 p. Cuiv. TB. 5 »

ESSAIS MONÉTAIRES

1058 20 francs de Montagny. Flan épais. Cuiv. jaune. FDC. 2 »
1059 20 francs de Barre, de Merley et de Bouvet. Étain. 3 var. FDC. à 4 »
1060 5 francs. Essai d'Oudiné, adopté. Étain. FDC. 6 »
1061 5 francs de Montagny. Cuiv. FDC. 3 »
1062 5 francs de Barre. Tête de femme couronnée d'enfants. Cuiv. plaqué d'argent. FDC. 8 »
1063 Franc de Barre. Cuiv. FDC. 3 »
1064 10 centimes de Barre. Type du n° 1062. Étain. FDC. 4 »
1065 10 centimes d'Alard, de Domard et de Rogat. Cuiv. 3 var. FDC. à 1 »

1066 5 centimes fr. à Dijon. Essai en cuivre traversé par une baguette d'argent. FDC. 3 »

1067 Centime. Type de la Liberté de Dupré. Essai argenté de 1849. FDC. 2 »

1068 Même pièce biface. Cuiv. FDC. 5 »

1069 Centime. Même type de Dupré. ℞. « Monnaie Suisse-Essai »; dans le champ, 1851. Cuiv. FDC. 10 »

1070 Essai de 1792 restitué en 1848. Cuiv. FDC. 2 »

Louis-Napoléon Bonaparte, président (1851-1852).

1071 5 francs dit à la mèche. Paris, 1852. Tête nue, à g. Coin de Barre. Rare. FDC. 15 »

1072 5 francs, Paris, 1852, sur flan bruni. Variété de la pièce précédente. FDC. 10 »

1073 Franc, Paris, 1852. FDC. 3 »

1074 50 centimes, Paris, 1852. FDC. 1 50

1075 Essai monétaire dédié à la princesse Mathilde, 1852. Coin de Caqué. Module de 5 francs. Br. FDC. 4 »

1076 Dix centimes, 1852. *Essai* Coin de Barre. Br. Rare. FDC. 20 »

1077 Essai de bronze, au buste du premier consul couvert d'une peau de lion, 1851. Module de 10 centimes. FDC. 6 »

1078 Essai de bronze, au buste du premier consul, 1851. Module de 5 centimes. FDC. 5 »

1079 Essai de bronze, au buste du président, 1851. Module d'un centime. FDC. 2 50

1080 Essai de la presse monétaire de M. L. Bovy, 1852. Tête de la République, de face. Coin de Bovy. Cuiv. FDC. 10 »

1081 Sol de Louis XVI et 5 centimes de la République poinçonnés de NAPOLÉON 10 ANS. Cuiv. 2 p. B. à 3 »

DEUXIÈME EMPIRE (1852-1870).

Napoléon III

1082 5 francs, Paris, 1853. NAPOLÉON III PAR LA GRACE DE DIEU ET LA VOLONTÉ NATIONALE. Tète nue, à g. ꝶ. EMPEREUR DES FRANÇAIS. Écu aux armes impériales. Essai de Barre. Étain. FDC. 8 »

1083 5 francs, Paris, 1853. Même type, mais avec NAPOLÉON III EMPEREUR ET EMPIRE FRANÇAIS. Essai de Barre. Étain. FDC. 10 »

1084 *1er type non lauré*. 5 francs, Paris, 1854. Coin de Bouvet. FDC. 12 »

1085 5 francs, Paris, 1856. Même pièce fr. en essai sur flan bruni. FDC. 18 »

1086 2 francs, Paris, 1853. Flan bruni. FDC. 5 »

1087 Franc, Paris, 1853. Rare. FDC. 4 »

1088 — Paris, 1860. FDC. 3 »

1089 50 centimes, Paris, 1853. FDC. 2 »

1090 — Paris, 1862. Rare. FDC. 4 »

1091 20 centimes dite à la grosse tête, fr. en essai, Paris, 1853. Tranche cannelée. FDC. 3 »

1092 Même pièce fr. en essai, 1853. Tranche lisse. FDC. 5 »

1093 20 centimes-essai, 1860. Tête plus petite que précédemment. Tranche lisse. FDC. 10 »

1094 20 centimes, Paris, 1854 et 1860. FDC. à 1 »

1095 10 centimes fr. en essai, Paris, 1852. FDC. 2 »

1096 10 centimes. Ateliers divers, 1853 à 1857. FDC. à 0 30

1097 5 centimes. Ateliers divers, 1853 à 1857. FDC. à 0 25

1098 2 et 1 centimes. Ateliers divers, 1853 à 1857. FDC. à 0 15

1099 10 centimes. Visite à Lille, 1853. FDC. 1 »

1100 — Visite à la Monnaie de Paris, 1854. FDC. 2 »

1101 — Monument érigé à la Bourse de Lille, 1853. FDC. 2 »

1102 5 centimes. Visite à la Bourse de Lille, 1853. FDC. 1 50

1103 5 centimes, 1855. Avers de la pièce de 5 centimes de Paris. Revers de la pièce de 5 centimes du Grand-duché de Luxembourg (Coin de Barth). Cliché en plomb. TB. 4 »

1104 2e *type lauré*. 5 francs, Paris, 1861. Rare. FDC. 20 »

1105 5 francs, Paris, 1862. Même type. FDC. 12 »

1106 Franc, Paris, 1860. Même type. Essai de Barre. Tranche lisse. FDC. 10 »

1107 Franc, Paris, 1866. Même type. Tranche cannelée. FDC. 2 »

1108 50 centimes, Paris, 1864. Même type. Essai de Barre. Tranche lisse. FDC. 10 »

1109 50 centimes, Strasbourg, 1867. Même type. Tranche cannelée. FDC. 1 50

1110 20 centimes, Paris, 1864, et Strasbourg, 1866, Petit module. FDC. à 0 50

1111 20 centimes, Strasbourg, 1867. Grand module. FDC. 0 75

1112 10 centimes, Paris, 1861. Épreuve en 2 pièces poinçonnées de 10 C et AB (Albert Barre) en relief. Br. FDC. 12 »

1113 10 et 5 centimes. Ateliers divers, 1861 à 1865. FDC. à 0 30

1114 2 et 1 centimes. Ateliers divers, 1861 et 1862. FDC. à 0 15

1115 5 francs, Paris, 1870. Type du n° 1104 retouché. FDC. 8 »

1116 2 francs, Paris, 1870. Type du n° 1106. FDC. 3 »

1117 Franc, Paris, 1870. Type du n° 1107. FDC. 2 »

1118 Centime, Paris, 1870. Même type. FDC. 0 15

1119 Travaux du canal de Suez. 20 et 50 centimes, 1865. Cuiv. jaune. TB. 2 »

1120 *Ile de la Réunion*. 20 kreutzer, à l'effigie de François I, empereur d'Autriche. B. 2 »

Lors de la crise financière de 1859, cette monnaie a été introduite et mise en circulation pour un franc avec l'autorisation du gouvernement français (Zay, p. 260).

1121 10 centimes à la tête de Napoléon IV, 1874. Essai de fantaisie. FDC. 2 »

TROISIÈME RÉPUBLIQUE (1870-1895).

Gouvernement de la Défense nationale (*sept. 1870 — fév. 1871*).

1122 5 francs fr. à Paris le 8 septembre 1870. Type du n° 1049. ℟. 5 FRANCS 1870 dans une couronne de laurier et d'olivier. FDC. 10 »

1123 2 francs fr. à Paris en septembre 1870. Même type. FDC. 4 »

1124 5 francs fr. à Paris en octobre 1870. Avers du n° 1122. ℟. 5 FRANCS 1870 dans une couronne de quatre branches de chêne et de laurier enlacées deux à deux; autour : LIBERTÉ . ÉGALITÉ . FRATERNITÉ . FDC. 8 »

1125 2 francs fr. à Paris en octobre 1870. Même type. FDC. 5 »

1126 5 francs fr. à Paris en novembre 1870. Type à l'Hercule. Coins modifiés de la deuxième République. Rare. FDC. 15 »

1127 10 centimes fr. à Paris le 13 décembre 1870 et 5 cent. fr. à Paris en février 1871. FDC. à 0 50

1128 2 francs fr. à Paris en février 1871. Type du n° 1125. FDC. 4 »

Délégation du gouvernement à Tours (*12 sept. au 8 décembre 1870*).

1130 5 francs fr. à Bordeaux en octobre 1870. Type du n° 1122 (Ancre = Barre, graveur général). Rare. FDC. 15 »

1131 2 francs fr. à Bordeaux en octobre 1870. Type du n° 1123. Différent précédent. Rare. FDC. 8 »

Délégation du Gouvernement à Bordeaux (*décembre 1870*).

1132 5 francs fr. à Bordeaux en décembre 1870. Type du n° 1130 (M dans une étoile = Marchais, graveur). FDC. 8 »
1133 2 francs fr. à Bordeaux en décembre 1870. Type du n° 1131, mais différent précédent. FDC. 3 50

L'Assemblée nationale à Bordeaux (1871).

1134 5 francs fr. à Bordeaux en février 1871. Type du n° 1130. Rare. FDC. 10 »
1135 2 francs fr. à Bordeaux en février 1871. Type du n° 1131. Rare. FDC. 5 »

Commune de Paris (*18 mars au 29 mai 1871*).

1136 5 francs à l'Hercule fr. en mai (Camélinat, délégué à l'Administration des Monnaies). FDC. 10 »

Thiers, président (*31 août 1871 au 24 mai 1873*).

1137 5 francs à l'Hercule fr. à Bordeaux en 1871. Rare. FDC. 10 »
1138 5 francs à l'Hercule fr. à Paris en 1872. FDC. 10 »
1139 2 francs fr. à Bordeaux en 1871 et 1872. Type du n° 1125. FDC. à 3 50
1140 Francs fr. à Paris en 1871 et à Bordeaux en 1871 et 1872. Même type. FDC. à 2 »
1141 50 centimes fr. à Paris en 1871 et 1872 et à Bordeaux en 1871. Même type. FDC. à 1 »
1142 10 centimes, Paris, 1871 et 1872 et 5 centimes, Bordeaux, 1872. FDC. à 0 30
1143 Essai de monnaie. Quart de réal, 1872. Aluminium. 2 var. Tranche lisse et tranche cannelée. FDC. à 1 »

Maréchal Mac-Mahon, Grévy et Carnot (1873-1895).

1144 5 francs à l'Hercule, Bordeaux, janvier 1878. FDC. 10 »

L'atelier de Bordeaux fut supprimé le 31 janvier 1878.

1145 Franc, 1881. FDC. 2 »

1146 50 centimes, Bordeaux, 1873 et Paris, 1873 et 1874. FDC. à 1 »

1147 10, 5, 2 et 1 centimes variés. FDC. 0 10 à 0 25

1148 Essai de monnaie de nickel. Projet Michelin. 3 pièces, 4, 2 et 1 sous, percées d'un trou rond, 1889. FDC. 5 »

1149 Essai de monnaie nickel. Projet Michelin. Pièce de 2 sous percée d'un trou rond, 1890. FDC. 2 »

COLONIES ET PAYS DE PROTECTORAT

1150 *Cochinchine.* Demi, quart et huitième de piastres mexicaines ayant eu cours légal dans la-Cochinchine jusqu'en 1879 (Zay, p. 360, 1, 2 et 3). TB. 10 »

1151 — Sapèque de zinc (de fabrication annamite) ayant eu cours jusqu'en 1879. B. 1 50

1152 — Cinquième de cents. Pièce de 1 centime fr. à Bordeaux en 1875 et perforée, en 1878, à l'arsenal de Saïgon (Zay, 54). TB. 2 »

1153 — 50 cents, 1879. FDC. 3 »

1154 — 20 cents, 1879 et 1884. FDC. à 2 »

1155 — 10 cents, 1879 et 1884. FDC. à 1 50

1156 — Cents, 1879, 1884 et 1885. TB. à 0 50

1157 — Sapèque ou cinquième de cents, 1879. FDC. 1 »

1158 *Indo-Chine.* Piastres, 1885 à 1889. FDC. à 8 »

1159 — 50 cents, 1885. FDC. 3 »

1160 — 20 cents, 1885 et 1892. FDC. à 2 »

1161 — 10 cents, 1885, 1888, 1892 et 1893. FDC. à 1 50

1162 — Cents, 1885 à 1889, 1892 à 1894. FDC. à » 50

1163 — Sapèque, 1887 et 1888. FDC. à 1 »

1164 *Congo français*. 10 unités (50 fr. du pays), 5 unités (25 fr. du pays) et 1 unité (5 fr. du pays) fabriqués à Paris, par les soins de M. de Brazza, 1883 (Zay, p. 249). Cuiv. TB. 8 »

1165 — 5 pièces de 10, 20, 30, 50 centimes et de 1 franc, en étain, poinçonnées des lettres F (station de Franceville) et P (Passa, rivière de Franceville, après l'incendie de la station de Franceville, 19 sept. 1888). Série complète. Rare. TB. 12 »

1166 *Cambodge*. 4 francs, 1860, fr. à Pnom-Penh. Tête du roi Norodom Ier, à g. (Zay, 1). FDC. 10 »

1167 — 2 francs, Pnom-Penh, 1860. Même type. FDC. 5 »

1168 — 1 franc, Pnom-Penh, 1860. Même type. FDC. 3 50

1169 — 50 centimes, Pnom-Penh, 1860. Même type. FDC. 2 »

1170 — 25 centimes, Pnom-Penh, 1860. Même type. FDC. 2 »

1171 — 10 et 5 centimes, Pnom-Penh, 1860. Même type. TB. à 1 »

1172 — Centime. Pièce ronde percée d'un trou carré et rond, ou non percée. Cuiv. FDC. à 1 »

1173 — Essai de la pièce de 25 centimes. Type du n° 1170, mais fr. à Paris. Cuiv. FDC. 3 »

1174 *Les Comores*. 5 francs, 10 et 5 centimes fr. à Paris, en 1890 (Zay, 1, 2 et 3). FDC. 15 »

1175 *Grand-Bassam et Lahou*. Manille (forme de bracelet). (Zay, p. 246). TB. 5 »

1176 *Cauris*. Coquille univalve importée de Mozambique et adoptée depuis longtemps comme monnaie courante dans les transactions entre les indigènes du golfe de Bénin. TB. 1 »

1177 *Madagascar*. Petits lingots d'argent coupés dans des pièces de 5 fr. ou des piastres espagnoles. B. 10 »

1178 *Tunisie.* 2 et 1 francs, 50, 10, 5, 2 et 1 centimes fr. à Paris, 1891. Arg. et br. FDC. 6 »

1179 — 10 et 5 centimes, 1892. FDC. 1 »

1180 — Cercle français. Monnaie de convention, 1 franc et 50 centimes. 2 p. TB. 4 »

1181 *Nouvelle-Calédonie.* Société franco-australienne pour l'exploitation du nickel. Essai de cuivre au chiffre 5 (Zay, 4, nickel). TB. 3 »

1182 — Le Nickel. Société anonyme. Essai de nickel aux chiffres 25, 10 et 5 (Zay, 1 à 3). TB. 6 »

MACON, PROTAT FRÈRES, IMPRIMEURS

CATALOGUES A PRIX MARQUÉS

EN VENTE CHEZ J. FLORANGE

21, QUAI MALAQUAIS, PARIS

Monnaies, Médailles et Jetons relatifs à la Lorraine. Paris, 1894, in-8, avec vignettes dans le texte. 2 fr.

Ce catalogue renferme près de 900 pièces et peut servir de guide pour les amateurs de l'Est de la France.

Monnaies romaines et byzantines (1641 nos). 1 fr.

Monnaies et Médailles étrangères (1280 nos). 1 fr.

Médailles et Jetons français (1161 nos). 1 fr.

Monnaies françaises, royales et féodales (1194 nos). 1 fr.

Médailles grecques (avec planches). 1 fr.

Médailles napoléoniennes. 0 fr. 50

Sceaux-matrices français et étrangers. 1 fr.

Collection de feu M. de la Roche, château d'Estillac, près Agen. Autographes et documents imprimés et manuscrits relatifs au Midi de la France. 0 fr. 50

Cent ans de Numismatique française, de 1789 à 1889, par Émile DEWAMIN (*Voir la circulaire ci-incluse*).

FAIVRE. — *État actuel des ateliers monétaires et de leurs différents*, coordonné et annoté d'après les documents les plus autorisés avec *Notes additionnelles*. Paris, 1895 et 1897, in-8 de 60 pages en petit texte. Br. 4 fr.

MACON, PROTAT FRÈRES, IMPRIMEURS

www.ingramcontent.com/pod-product-compliance
Ingram Content Group UK Ltd.
Pitfield, Milton Keynes, MK11 3LW, UK
UKHW021637260726
13994UKWH00003B/1210

9 782329 443393